介護界のアイドルごぼう先生の

みんなを笑顔にする
魔法

簗《やな》瀬《せ》寛《ひろし》

講談社

はじめに

皆さん、はじめまして。ごぼう先生こと簗瀬《やなせ》寛《ひろし》と申します。このたび、介護における僕の考えをまとめた本を出版する運びとなりました。……と言いましても、「ごぼう先生って何者⁉」と思われる方も多いかと思いますので、まずは僕の自己紹介をさせていただきますね。

僕は現在、愛知県岡崎市で「リハビリカフェ倶楽部」というデイサービスを経営し、その一方で、ごぼう先生として自ら考案した介護予防体操を全国の高齢者の方に伝える活動をおこなっています。「ごぼう」先生というのは、介護の「ご」、予防の「ぼう」からつけた名前。この名称で、皆さんの前で体操指導をしています。

このように僕は、経営者として、そして「大人のための体操のお兄さん」としての二足のわらじを履いているということになるのですが、多様性をもって活動することは、介護業界においては非常に珍しいことでした。

先輩たちからは、「中途半端だ」「どっちつかずになる」と言われたこともあります。それでも僕は、「高齢者の方が少しでも長く元気に笑顔でいられるよう、力になりたい」「辛いイメージのある介護業界を少しでも明るく変えたい」と、両方の活動を続けることを諦めませんでした。デイサービスが終わった後の時間や休日を利用して、全国の介護施設や公民館を回り、コツコツと体操を伝え続けてきました。

デイサービスの経営者

地域密着型のデイサービス「リハビリカフェ倶楽部」を経営しています。

大人のための体操のお兄さん

全国 300 ヵ所、1 万人以上の方に体操をレクチャーしました！

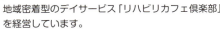

その甲斐があって、今ではごぼう先生としてＮＨＫの体操番組に出演させてもらったり、ニュース番組の取材を受けたりと、多くの方に知っていただけるようになりました。もともとは一鍼灸師《しんきゅうし》であった僕がここまで来られたのですから、本当に人生は、何でもやってみないと分からないものです。

ではなぜ僕が今のような活動をするようになったのか。そこには祖母の存在が大きく影響しています。

僕の祖母は認知症を発症し、現在は特別養護老人ホームに入居しています。祖母は、僕が鍼灸師の学校に通っていた頃から、体の衰えもあって家に引きこもるようになってきました。そこから徐々に認知症の症状が悪化していったのですが、「これではいけない！」と要介護認定を受け、デイサービスに通い始めたところ、徐々に表情が明るく変わっていったのです。

そこから僕は介護の仕事に興味を持ち、鍼灸師として働きながら、休日には高齢者の方に体操を教えるボランティアをおこなうようになりました。参加してくださった方たちには「また来てね！」と大変喜んでいただいていたのですが、その後本業が忙しくなり、なかなかボランティアの時間まで確保することができなくなってしまったのです。

そこで僕が考えたのが、体操の動画を作ることでした。動画があれば僕がいなくても皆さんにやってもらえると思い、自ら見本となって体操をし、それを撮影し、YouTubeにアップしたのです。すると驚いたことに、その動画総合再生回数は何と50万回以上に……。その後、キングレコードさんからＤＶＤ化していただき、全国で発売されるまでになりました。

僕の考案した体操をなぜここまで支持していただけたかというと、それは、元気な方から体の不自由な方までどんな人でも楽しめる内容にしたこと、「できなくてもいい、楽しむことが大事」というメッセージとともにお伝えしたこと、この2つにあったと思います。

それまでの高齢者向けの体操というのは、簡単すぎたり、反対に体が不自由な人にはできないものだったりと、どちらかに偏ったものが多かったんですね。そこで僕は、「今までなかった体操を考案したら、皆さんの力になれるのではないか」と、椅子に座ったままできる動きや、脳梗塞などにより半身が麻痺している方もできる深呼吸など、様々な体操を考案したのです。

現代は、変化の激しい時代です。ＳＮＳが広がり、情報を瞬時に発信できるだけでなく、反応もすぐに返ってきます。YouTubeには、人を楽しませたいというアイディアが満載で、見る人もテレビタレントよりユーチューバーを身近に感じるほど。そんな時代だからこそ、こんな僕でも面白いアイディアをもって発信すれば、社会をちょっとは変えられるかもしれない。勘違いでもいいから、介護の世界を少しでも明るくできるよう挑戦してみたい……、そのように思ったのです。

そこから「二足のわらじでやっていこう」と決め、コツコツ活動していったことで、幅広い世界に触れ、客観的かつ広い視野を持つことができるようになったと確信しています。

この本では、そんな僕がごぼう先生として、そして、経営者として活動してきた中で抱くようになった介護のモットー、介護予防のコツ、そして介護する側の心の持ち方について、まとめました。また介護予防の体操についても、いくつかオススメのものを一部紹介いたしました。

介護を身近に感じている高齢者の方はもちろん、介護をする家族、介護職に就かれている方またはこれから介護職に就いてみたいと思われている方まで、介護に関心のあるあらゆる方に参考にしていただける内容にしたつもりです。

面白いアイディアや企画を発信できる人が増えていけば、一人の力でも社会を変えられるかもしれない。そんな前向きな姿勢をもって活動してきた僕の思いが、この本を通して、皆さんの笑顔とエネルギーにつながっていけば幸いです。

介護界のアイドルごぼう先生の　みんなを笑顔にする魔法　目次

第1章

できなくて当たり前！
心も体もラクになる〝老い〟との付き合い方

第2章

みんなで老いを共有しよう！

家族で高齢者を支える

次の見開きから
パラパラごぼう体操
やってみよう！

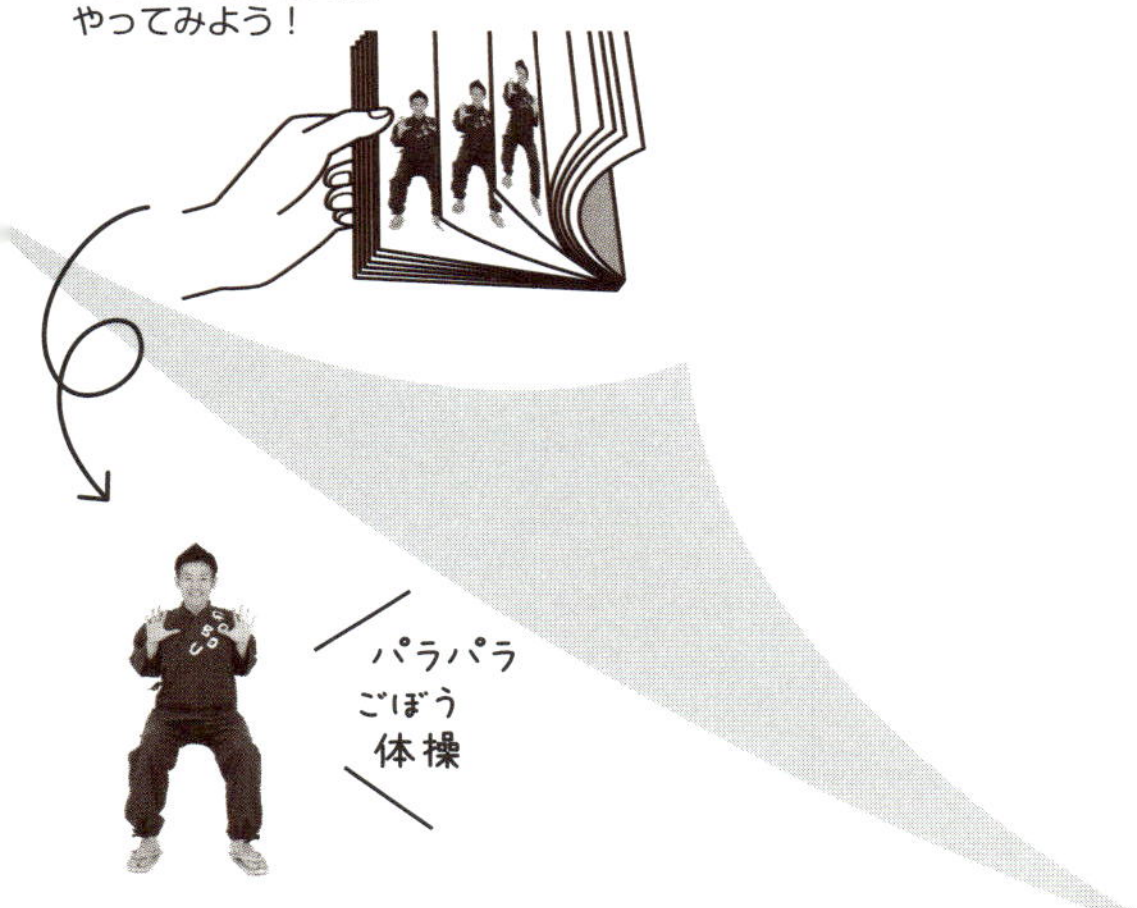

第3章

笑顔を作るパフォーマー
介護の現場

第4章

ごぼう体操のコツ

介護する人もされる人も元気になる！

パラパラ
ごぼう
体操

第1章

できなくて当たり前！

心も体もラクになる “老い” との付き合い方

デイサービスの経営者として、そして「ごぼう体操」の考案者として活躍するごぼう先生のモットーを紹介。“老い” をポジティブに捉えられるようになる考え方のヒントが満載です！

パラパラ
ごぼう
体操

体操は、できないほうがいい！
できることをやっても意味がない

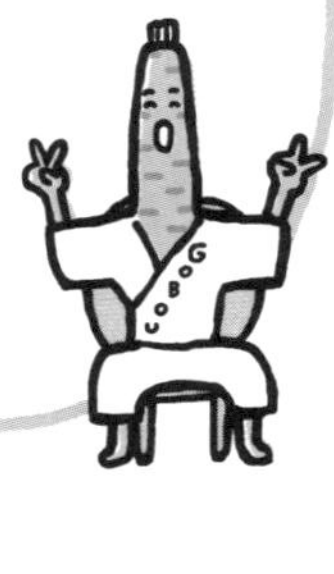

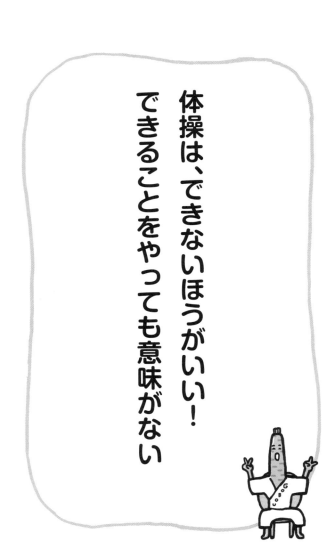

　年齢を重ねると、それまで当たり前にできていたことが一つ一つ大変になってきます。僕は8年前に「ごぼう体操」を考案し、多くの介護施設や公民館などでそのお手本を披露してきましたが、参加されるお年寄りには、まだまだ体を自由に動かせる元気な方から、耳が遠い方、足が不自由な方、様々な方がいらっしゃいます。そうすると、うまくできなかった方は大変落ち込んでしまわれるのですね。でも僕は、この**「できないことに挑戦する」ということこそがもっとも大事だと思っているんです。**

　たとえば普段車の運転をされている方は、いちいち意識してアクセルやブレーキを踏んでいないと思います。体が覚えていて、無意識に動かしているのではないでしょうか。こうなると、何の刺激もありません。しかし**できないことをやると、脳が刺激を受けて活発になりますし、何より「できるようになりたい」というチャレンジ精神も生まれます。**むしろ、できないほうがいいんです！

　ですから僕は体操をおこなうとき、「できちゃう僕が一番効果がないんですよ」と伝えるようにしています。と言う僕も、よく間違えてしまうんですけどね（笑）。

パラパラ
ごぼう
体操

大事なのは「できること」じゃない、
楽しむこと！

「ごぼう体操」を始めたのは、僕が24歳のときです。学生時代はサッカーとボクシングをやっていて、キャプテンを務めていたこともあり、大勢の前に立って運動の指示をする、ということには慣れていたつもりでした。

ところがそれが介護の場となると、ひざが悪い方もいれば、車椅子に乗られている方もいる。僕がいくら「脚を伸ばしましょう」「ももに力を入れてひざを伸ばしましょう」とお手本を見せても、皆が同じようにはできないんです。そして多くの方が、「できない」と暗い表情をされてしまう……。

そこで僕は、うまくできなくても楽しいと思ってもらえる空気作りをする、ということを心がけるようになりました。先にもお話ししましたが、「できちゃう僕が一番効果がないんですよ」と伝えますし、なかなかできないときは「もう止めちゃいましょう！」と笑いながら終えてしまうこともあります。それぐらい自由にやっているんです。

やはり、**できることよりも楽しめて笑顔になれることが一番！**　帰るときに「来てよかった！」と思ってもらえないと、次に続かないですから。

完璧を目指しちゃダメ！
70点がちょうどいい

僕の「ごぼう体操」も、今では多くの方がしてくださるようになりました。それはとても嬉しいのですが、1日だけ「やるぞー！」と100%の力で頑張って、疲れて次の日からまたやらなくなってしまう方は多いんです。

僕が通っていた高校は、テストで65点以上取れたら通知表で4をもらえたのですが、僕はその65点を目指す勉強が得意だったんです（笑）。これが90点や100点を目指す勉強となると嫌になっていたと思うのですが、65点だったから続けられたんですよね。

介護予防の体操も同じで、お手本どおり完璧にやる必要はないと思っています。むしろ60点、70点ぐらいを目指すのがちょうどいい。僕自身、〝70点の出来でいい〟と「ごぼう体操」のDVDを出したんです。完璧を目指してしまうと、永遠に出せないと思いましたから。まあこれは、完全に言い訳ですけど（笑）。

100点を目指すことよりも、大事なのは続けていくことです。そのためには、無理をしすぎず70点ぐらいを目指すのがちょうどいい。 年齢を重ねていくと、そういった自分の中での点数の付け方ってとても大事になると思うのです。

日常の中に
ワクワク、ドキドキを増やそう!

日常の中でどれだけワクワクやドキドキがあるか。それが介護予防にはもっとも大事な部分かな、と僕は感じています。介護予防の正解とは人それぞれで、人の正解が決して自分の正解ではありません。そう考えるとやはり、いかに自分がワクワク、ドキドキできているか、が大事になってくると思うんです。

僕は講演でよく、お元気そうな方に「何かされているんですか？」と質問しています。すると大抵の方は何か趣味を持たれていたり、「食べるのが好き」と答えられたり、日常の中にワクワク、ドキドキできることを持たれているんですね。ただ一度だけ「自転車で40キロ走っている」と答えられた方がいて。「これはワクワク、ドキドキの域を超えてるな……」と困ってしまいましたが（笑）。

慌ただしい毎日を送っていると、つい「趣味はそのうち探そう」と思ってしまうものです。でも皆さん、いざ趣味を見つけようとしてもうまくいかなかった、あるいは長続きしなかった、ということを口を揃えておっしゃいます。ですから**時にはブラリと外に出てみるとか、何か行事に参加してみるとかして、ワクワク、ドキドキできることを探してほしいと思っています。**

パラパラ
ごぼう
体操

表情が変われば
動きも変わる！

僕は「ごぼう体操」をお伝えしていた当初、動きを正確に伝えることから入ってしまっていました。手をしっかり上げなくてはいけません、とか、ももに力を入れなくてはいけません、と。でもそうすると、作業のようになってしまって。皆さん、言われるがままに体を動かすだけだったんです。

高齢者の方が体操をおこなうのは、何も試合に出場することを目指しているわけではありません。**いかに生活の質を上げるか、ということが目的**だと思うんです。そう考えると、楽しくないことをやっても質なんて上がりませんよね。

僕の祖母は、認知症を患って4〜5年家に引きこもっていたのですが、デイサービスに行くため外へ出るようになって、徐々に表情が明るく変わったんです！本当に、まったく表情が動かなくなっていたのですが。それだけでなく、かつてやっていた絵を描く趣味まで再開しました。

体操も同じだと思うんです。楽しくできないことでは、効果も上がるわけがありません。**むしろ、楽しさが先にあってこそ動きにつながる。**今ではそう思って、とにかく表情が変わることを第一に、お伝えするようにしています。

パラパラ
ごぼう
体操

歳をとるのは
威張れることです!!

たとえば80歳になったとき。同じ80歳でも「もう80歳だよ……」と落ち込まれる方と、「私、80歳になったよ！」と胸を張る方とがいます。人によって捉え方が全然違うのですが、僕が見ている限り、前向きに捉えられている方のほうが圧倒的に元気なんですよね。

何歳でも誕生日を迎えられるのは素晴らしいことだと思うのですが、とくに80歳、90歳となると、その歳まで生きてこられたことじたいがすごいことです。実際、そういう方たちは誕生日のお祝いをすると、「ありがとう！」と本当に喜んでくださる。きっと**自分の年齢がステータスに変わってくるんだと思います。**

老いを認めたくない気持ちは、何歳だろうが、皆さん持っていらっしゃるものだと思います。**年齢を重ねて体が不自由になってきても、「そりゃ80なんだからさ」「90なんだからさ」と認めたほうが、ちょっと前向きになれたり、心に余裕が持てて、意外と痛みも忘れたりできるのではないでしょうか。**

何より、90歳を過ぎてもしっかりされている方って、下の世代の方の目標になるものです。そういう歳の重ね方って、本当に素敵ですよね。

長生きすることだけが本当に幸せ？

２０１７年に厚生労働省が発表した平成28年の日本人の平均寿命は、男性が80・９８歳、女性が87・１４歳で、ともに過去最高を更新しました。素晴らしいことですよね。ただ僕がこの仕事をしていて感じることは、**長生きをしているから幸せ度が高いかというと、そうとも言い切れないんじゃないか**、ということです。

しばしば、農作業中に倒れて亡くなった高齢者のことを耳にしますよね。そういう方というのは、自分がしなければならない役割というものを持っていて、ギリギリまで頑張っていたのではないかと思うんです。そういう、まさに「ピンピンコロリ」な最期を迎えられる方って、平均寿命は上回っていなかったとしても、毎日が充実されていたと思うんですよね。

反対に施設で手厚いサービスを受けていたとしても、ドキドキもワクワクもなく過ごされている方は、笑顔も少ない気がします。ですから僕は、ご利用者さんに笑顔になってもらいたくて、「ごぼう体操」を考案したのですが……。言い換えれば**現代の理想というのは、「ピンピンコロリ」ではなく、「ニコニココロリ」なのかもしれませんね。**

日常のことを面倒くさがらないで!

何かスポーツをされている方は、そのレベルが運動という位置づけだと思います。一方、スポーツをされていない方にとっては、歩いて買い物に行ったり忙しく動いたりということが、運動に近い感覚なのではないでしょうか。さらにこれが介護の現場になると、ごはんを食べるとか服を着替えるとかお風呂に入るとか、**生きるための行動じたいが運動という位置づけに変わってくるのです。**

　こういった日常の動作って、今は無意識におこなっている方がすごく多いと思います。が、介護の現場では「こんなにできなくなるとは思わなかった」という一言をよく耳にするのです。つまり、**衰えは気づかないうちに進んでいくもの。**だからこそ、その衰えにいかに気づけるかが鍵になってきます。僕も「ごぼう体操」をお伝えするうえで、いかにその衰えに気づいてもらえるかは、とても意識しているところです。

　元気な方は「まさかそんなことができなくなるわけないだろう」と思いがちですが、老いは誰にでも訪れるもの。ですから日常のことを面倒くさがらず、それじたいが運動だと思ってコツコツ続けてほしいと思います。

同世代は究極の同志！

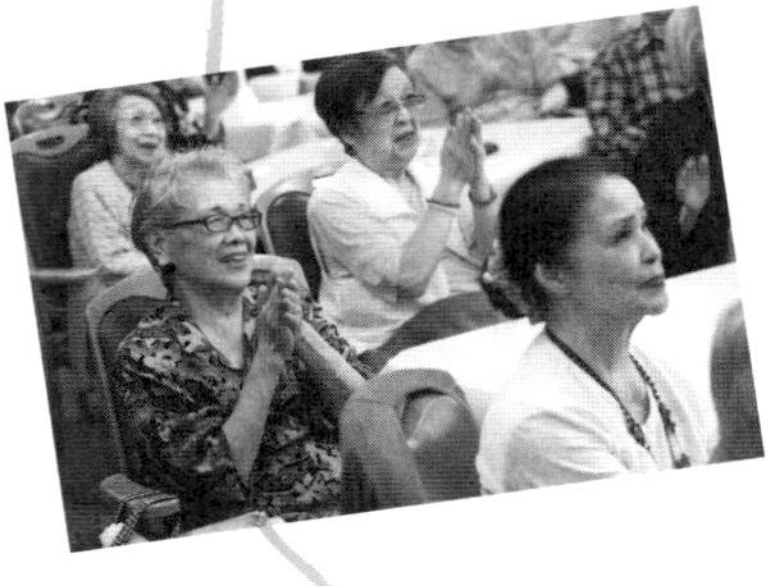

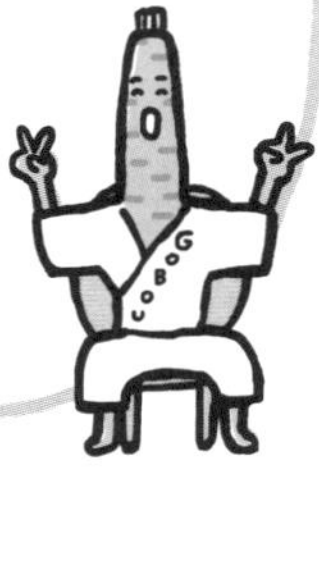

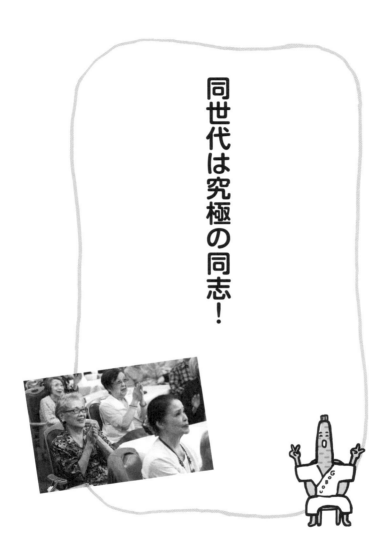

生きている限り、どうしたって〝老い〟は進んでいくものです。僕はデイサービスの仕事に携わって、その〝老い〟を共有できる仲間がいることがすごく大切だな、と感じるようになりました。実際に多くの高齢者の方のお話を聞いていると、80歳や90歳になって友達と会える環境があるというのはものすごく難しくて貴重なことなのだ、と知りました。

ただ、周囲はつい「高齢者」と一括《ひとくく》りにしてしまいますが、**高齢者といっても70代と80代と90代とでは、育った環境も感覚もまったく違うんです。**これはどの世代でも同じですよね。5歳違えば、何のアニメを見てきたか、どのアイドルが全盛だったかまったく違うように、ドンピシャで「あった、あった！」と盛り上がれる話題って、けっこう狭いものなのです。

そういう狭い話題で盛り上がれる同世代の仲間がいるということは、大きな刺激になると思うんですね。決して自分がデイサービスを運営しているから言うわけではありませんが、**デイサービスには様々な年代の方が来られます。きっと、話の合う同世代の方と出会える機会も増えるんじゃないかと思うのです。**

介護サービスを受けること＝《イコール》
人生の終わりではない！

勘違いしてほしくないのが、「介護サービスを受けなくてはいけなくなったから人生終わり」では決してないということです。ご家族の方もそう思いがちなのですが、サービスを受けるようになったから逆に元気になった、という方はたくさんいらっしゃいます。

やはり何年も自宅に引きこもって出かけるのは病院だけ、というような生活を続けていますと、元気な人でもどんどん衰えてしまうものです。僕の祖母もそうだったのですが、デイサービスに行くようになって人との関わりが増えたせいか、笑顔が増えて、以前より元気になりました。そこから、かつて趣味だった絵を描くことまで再開したほど。ずっとオフだったスイッチがオンになった感じですね。

病気も早期発見・治療が大事なように、介護サービスも早く関わられたほうが、老いを遅らせることができると思うんです。**介護サービスを受けることは最後の手段ではなく、むしろいつまでも元気でいるためのものでもあります。**ですから介護を否定的に捉えず、うまく利用してほしいなと思っています。

具体的な目標が動く原動力になる!

僕の祖母は脚を悪くしたとき、病院に入院してずっとリハビリを受けていました。そのときは夏前で、祖母はお彼岸になると毎年家族でお墓参りをするのが習慣でしたから、「お墓参りをするために歩けるようにならなければいけない」と、自然とリハビリの目的ができていたんですよね。その後も、「家族とお墓参りを続けたい」という思いが、「体力や体の機能を維持しよう」という頑張りのモチベーションになっていたと思います。

これがただ「歩けるようになりたい」という漠然とした目的だったら、そこまで頑張れていなかったんじゃないかと思います。ポイントは、誰と、どこで、何をしたいか。たとえば「孫とアメリカに行ってハンバーガーを食べたい」など、**目標は具体的であればあるほど生き甲斐につながると思うんです。**

年齢を重ねると体力が落ちることもあって、「○○したい」という気持ちが徐々に減ってきがちですが、**何歳になっても〝欲〟は持ち続けてほしい**と思っています。今は大抵のことなら、ご家族の協力を得てというのはもちろん、付き添いサービスを利用して叶えることが可能な時代ですから。

好奇心からでも危機感からでもOK。
大事なのはスイッチを押すこと！

介護予防は大切だと分かっていても、「何か始めよう」というスイッチはなかなか入らないものですよね。すんなりと、「この体操は楽しそうだ」とか「趣味の○○を再開したい」という好奇心のスイッチを入れられたならいいのですが、現実にはそれはめちゃくちゃ難しいことです。

ですから僕は、「いよいよ体が動かなくなってきてマズい……」「健診の結果が悪かった。運動しなきゃ」という、危機感でスイッチを押すやり方もアリだと思うんです。僕自身、ごぼう先生と名乗っている以上、太ることはできないと思っています。それでお腹が少したるんできたりすると、「これじゃあ、ごぼうじゃなくなってしまう！」と慌てて腹筋をしているのですが（笑）。

大事なのは、好奇心だろうが危機感だろうが、〝スイッチを押せるかどうか〟にあると思うんです。もう歳だと思っていたけど同年代の人を見たら「自分はまだまだ元気だな」と思ってやる気が出たり、反対にまわりが元気なのでつられて元気が出たり。そういうきっかけを作る上でも、健診を受けることや同年代の人が集まる場に足を運んでみることは、とても有効だと思っています。

「できない」と「面倒くさい」を
混同しないで!

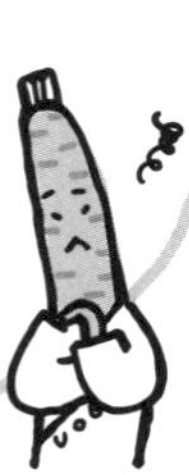

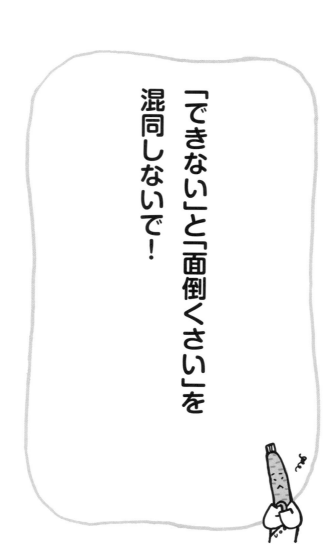

年齢を重ねると、体の機能の回復よりも〝機能の維持〟ということがとても大事になると思うんです。だから僕は、自分でできることはできる限り、ご利用者さん自身にやってもらおうと心がけています。たとえばデイサービスの送迎時の車のシートベルトも、自分で締められるなら締めていただくし、靴の脱ぎ履きもできるだけ手を貸さないようにしているんです。

人にやってもらうことに慣れてしまうと、できることも面倒くさくなってどんどんやらなくなってしまいます。僕は鍼灸師として訪問治療もおこなっていますが、支払いのときにお財布を僕に渡して「ここから取って」と言う高齢の患者さんもいます。そんなとき僕は、自分でできる方には「ご自分でね」と伝えますし、自分でやるのが難しい方の場合は一緒に取り出すように心がけています。

体の機能低下は、自分でやらなくなることからくる部分も大きいと思います。たしかに自分でやってもらおうとすると時間がかかりますから、介護する人がやってしまいたくなります。でも衰えはそこから始まる。**その始まりのときに、自分でやり続ける努力をするのかどうか、そこが大きな分岐点であると思うのです。**

深呼吸も立派な体操！

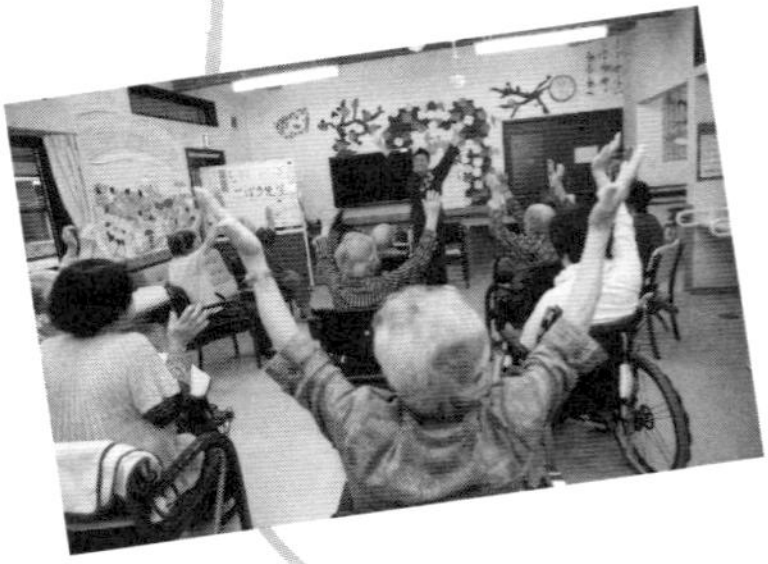

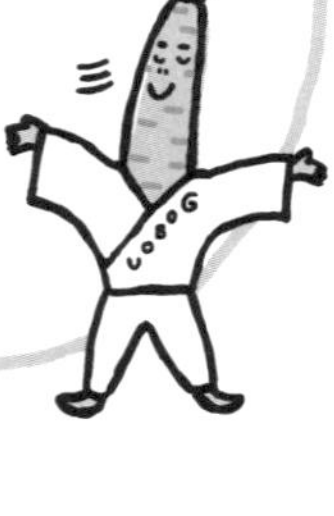

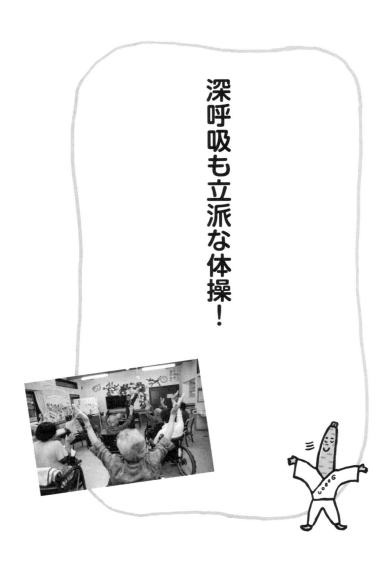

体操って、やる人によって真剣度はまったく違うと思います。たしかに必死でやればプラス10点の健康が得られるかもしれませんが、僕は、プラス1点ぐらいの意識でいいと思うんですよ。というのも僕が考える体操の〝敷居〟というのが、「やらないよりはやってみたほうがいい」という低いものだからです。

「ごぼう体操」に深呼吸が入っているのも、そのためです。深く息を吸って吐く、それだけでも横隔膜が大きく動かされますから、立派な体操になるんです。少し前にロングブレスダイエットというものが話題になりましたが、ダイエットという言葉がついているように、息を深く吸って吐くだけでいい運動になるんですよ。何より深呼吸なら、足が不自由な方でもできますから。

体操というと、「みんなと同じ動きをしなければならない」と考えがちですが、体育の授業じゃないんですから、自分のできる範囲でやればいいと思うんです。**深呼吸然《しか》り、体操はその気になればどこででもできます。**筋力を鍛えたかったら、腕にキュッと力を入れるだけでも筋トレにはなっていますから。さらにそこで腕のたるみに危機感を抱けば、儲けものじゃないですか？（笑）

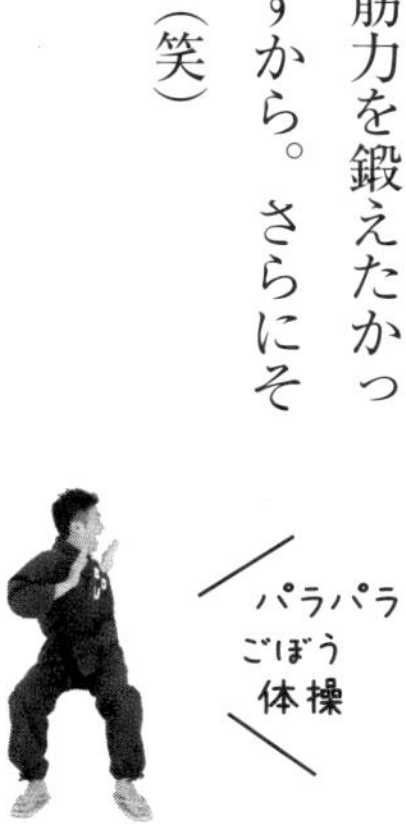

僕の体操をやってくれて、ありがとうございます！

僕は高齢者の皆さんと一緒に体操をやるとき、「それではやっていきましょう」といったひと言を必ずつけています。そこには「挑戦しよう」という気持ちが込められているんです。やはり誰しも、「うまくできるかな、できないかも……」と思うようなことをやるときって怖いと思うんですよ。僕もどちらかというと、できなそうなことはやらないタイプの人間だったので、皆さんのお気持ちは理解できるんです。

加えて僕は、生意気にも人と同じことをするのが嫌いな性格でした。ですから皆さんが、僕の言葉に共感して体操をやってくださることが、本当に嬉しいんです。あるとき500人の参加者を前に「グー・チョキ・パー体操」をお伝えして、1000のグー・チョキ・パーを見たときは心の底から感動したものです。

だから僕は、体操が終わった後は必ず「ありがとうございます」とお礼を言うようにしているんです。**「できなかったらどうしよう」という不安な気持ちを克服して、しかもこんな若造の言うことを嫌がらず聞いて、一緒に体操してくださってありがとうございます、という感謝の思いを込めて……。**

コラム①

大活躍のエプロンさん

僕が経営する「リハビリカフェ倶楽部 岡崎店」では、当番のご利用者さんを決めて、日替わりで食事の盛り付けをお願いしています。その方を「エプロンさん」と呼んでいるのですが、ほとんどの方は「エプロンさん」の役割を、嫌がらずに快く引き受けてくださいます。この〝快く〟のポイントは3つあります。

1つ目は、感謝の言葉。スタッフがラクをするためにお願いをしているわけではありません。生活を思い出すため、また「役割」を担っていただくためにおこなっています。ですので、食べ始める前に「●●さん、今日はエプロンさんありがとうございました。それでは、食事をいただきましょう」と必ず感謝の言葉をお伝えしています。

2つ目は、特典。12回、エプロンさんをしていただくと1食無料という特典がつきます。これがご家族にも喜ばれ、コミュニケーションにも繋がっています。

3つ目は、他のご利用者さんの協力。エプロンさんには、食器の水拭きもお願いしていますが、「私も手伝うよ」と他のご利用者さんが声をかけてくださるのです。すると「お互いさま」の心が芽生えてきます。ご利用者さん同士で、支え合いができるのはとても素敵なことです。

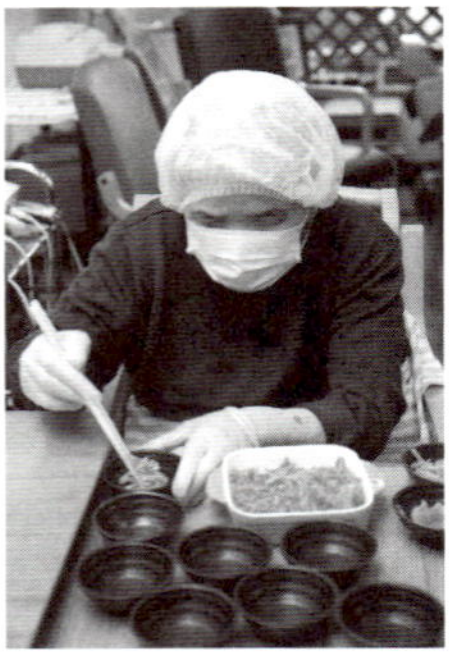

人参のおかずを器用に盛り付けてくださるご利用者さん。

第2章

みんなで老いを共有しよう！

家族で高齢者を支える

介護される側だけでなく、する側も〝老い〟をポジティブに受け入れられるようになってほしい。そこで高齢者を支える家族のための、体も気持ちもラクになる介護のコツをまとめました！

パラパラ
ごぼう
体操

家族みんなでゆっくり〝老い〟に共感しよう！

送迎の際、いつも笑顔でお迎えに出てくださるご家族。

介護する家族がよくやってしまいがちなのが、「そんなこともできないなんてヤバいんじゃないの⁉」といった、危機感を募らせて頑張らせようとするような接し方です。危機感は自分で抱くものならよいのですが、家族に言われると、高齢者の方は想像以上に凹《へこ》んでしまわれるものです。

そうではなく、家族も高齢者の方と同じ目線に立つことが大事なのかな、と僕は感じています。両親や祖父母が何かできなかったとしても、**「80歳だからねー、しょうがないねー」**というぐらいの姿勢でいたり、**「チラシにあった新しい施設を見てみようか」**とさりげなく見学に連れ出したり……。〝老い〟に共感するという感じでしょうか。もちろん簡単ではないと思いますが、そのぐらいの余裕を持っているほうが家族関係はうまくいくのかな、という気がしているんです。

デイサービスのご利用者さんは皆さん、「こんなにできなくなると思わなかった」と口癖のようにおっしゃいます。そのとき**家族が「そうだね、こんなになったねー」と寄り添えるか。そこが高齢者の方にとって、「だから維持するために頑張ろう」とモチベーションを保てるかどうかの鍵でもある気がしています。**

家族側がいかに
〝老い〟を受け止められるか

祖母の認知症を受けとめ、カッコイイ
おじいちゃんに変身した祖父。

歳をとって日常のことが思うようにできなくなったり、あるいは認知症を発症されたりすると、本人はもちろんですが、家族もその〝老い〟を認められないものです。その結果、「何でできないの！」ときつい言い方をしてしまう……。

先に話した祖母とは違うもう一方の祖母も約5年前に認知症を発症しましたが、このとき一番に現実を受け止め、「変わらんといかんな」と言ったのは祖父だったのです。それまではギャンブルやお酒で、散々祖母に苦労をかけてきた祖父だったのですが……。そこから祖父は認知症サポーター講座に通い、一番前に座って学び、「同じことを何度も聞くのは認知症の症状なんだよ、しょうがないんだ」などと冷静に捉えるようになっていきました。それだけでなく家事も自分でするように。祖母を全面的に支えようとするカッコいいおじいちゃんになったんです。まあ少し遅かったという気もしますが（笑）。

今は介護殺人など悲惨なニュースばかりが流れていますが、温かいエピソードも身近にあるものです。それは、**ちょっとした知識を得られるか、周囲に相談できるかで変わってくる。**紙一重だと思うんですよね。

大先輩の言葉。
介護はプロに、家族は愛を。

これは僕の尊敬する介護の先輩、石川治江《いしかわはるえ》さんの著書のタイトルであり、僕がモットーの一つとしているテーマでもあります。

僕の父と祖母は、実はとても仲が悪かったんです。でも祖母が認知症を発症後、家族と過ごした最後の1年は、父は祖母のオムツを替えたりごはんをあげたり、ということをするようになったんです。それまでは本当に、口もきかないような関係だったのに。それは、逆に祖母が認知症になったからできるようになったのかもしれませんが、いずれにしてもすごい愛情の変化ですよね。

ただ、家族がおこなう介護には限界があります。実際祖母は、機嫌が悪いときは唾を吐きかけたり引っかいたりということもありましたから。そこで特別養護老人ホームに入居したのですが、お陰様で今は、介護のプロの職員さんたちに支えてもらって穏やかな毎日を送っています。そして祖父が面会に来ると、「嬉しい、嬉しい」と満面に笑みを浮かべています。

石川さんもおっしゃるように、**介護は「行為」で「思い」ではありません。「行為」はプロに任せ、家族は「思い（愛情）」を届ける。**素敵な考え方ですね。

帰省時の親の姿は100点満点。
いつもの姿とは思わないで！

ご両親が遠方に住んでいる場合は、お盆やお正月に帰省をされるご家族が多いですよね。そういった、たまに家族と過ごすときのご両親というのは、100点満点の姿を見せているものです。子ども夫婦や孫を迎え入れるために家中を掃除し、張り切って食事を作り、会話もする。ですから、そのとき見た両親の姿をいつもの姿だと判断して安心するのは、とても危険なんです。

ではどういったところで判断するとよいのか？ **僕は、車の運転というのが、“老い”の変化が出やすいのではないかと感じています。**帰省したときにご両親の運転で出かけてみるとか、あるいは運転の頻度が激減していないかメーターを見てみるとか、そういった方法で普段の様子を確認されることをオススメします。またはご近所さんに、「お久しぶりです」という挨拶がてら「何か見ていて変化は感じませんか？」と尋ねると、情報が得られそうですよね。

帰省時の、「去年と比べてどうか？」という目線は絶対に必要です。逆にこの目線は、近くに暮らす家族にはなかなか持てないもの。遠方にいて、ときどき会うからこそ老いの変化に気づける、というメリットはあると思うんです。

認知症について
知れば知るほど気持ちがラクに！

デイサービスに通うように
なり、元気になった祖母。

祖母が認知症を発症した初期の頃は、その意味不明な行動に、家族は本当にイライラさせられたものです。そこで僕は「これではいけない、認知症についてもっと知ろう」と学び、おかしな行動を取るのは認知症の典型的な症状と知りました。「おばあちゃんは空気の読めない天才なんだ」とポジティブに捉えることもでき、とても気持ちがラクになったものです。

ただ、今思えばこのときは学び始めた1年目で、まだまだ分かっていなかったことがたくさんありました。認知症の症状は100人いたら100通りあるといっても過言ではありません。祖母だけを見て分かった気になってしまったことは反省していますが、それでも**知れば知るほど気持ちの余裕が持て、祖母ともうまく向き合えるようになったのは確かです。**

もちろん人間ですし、今でもイライラを感じてしまうときはあります。が、一種の「予習」ではありませんが、病気について知っていれば、相手の立場にも立てるようになり、ストレスはかなり減ると思うんです。

高齢者の「できない」はジワジワ訪れる。だから意識して「できない」を探ろう

介護というのは、様々なことができなくなった、というタイミングで必要になってくるものです。ですから、何が「できない」かを把握することが大事です。というのも老いはジワジワと訪れてきますから、本人はもちろん、ご家族の方も、何ができなくなっているか気づけないことが多いんです。

「できない」の最初の現れは、やはり生活リズムが乱れてくることにあると思います。朝ごはんを抜くようになったり、散歩に行かなくなったり。それはつまり、上手にお箸が使えなくなっていたり、歩きにくくなっていたりするから。**無意識にその行動を避けるようになっている、というサインなんです。**

離れて住んでいるご家族は、なかなかその変化に気づけないと思いますが、訪問されたときに、冷蔵庫の中を覗いてみる、という探り方もあります。そこで消費期限や賞味期限が切れている食品が増えていたら、以前より買い物に行くのが辛くなってきている、というサインかもしれません。

この**「できない」が生活の部分に出てきますと、それこそ命に関わってきます。だから僕たちもそこはしっかり見極め支えなくては、と思っているのです。**

ケンカ万歳！
家族にしか伝えられないことがある

祖母のごはんの世話をする祖父。

ご利用者さんのご家族からよく、「言ってはいけない言葉はありますか？」と尋ねられるのですが、僕はないと思っています。むしろ、家族じゃないと言えないこともあると思うんですよね。

僕の祖母はデイサービスに通い始めた当初、スタッフの方にお礼のお金を渡そうとしたことがあるんです。でも僕は同業者として、そういうことをされたら絶対に困るというのが分かっていました。だから祖母に、「絶対やめて！」とかなりキツく言ったんです。おそらく祖母は、スタッフの方がいくら拒んでも諦めなかったと思うのですが、そこは家族だからこそ強く言えたし、孫から強く言われたからこそ聞き入れたんだと思います。**だからといって関係が壊れてしまうわけではないのが家族の強み。ケンカができるのって家族だけだと思うんです。**

もちろん家族ゆえ、感情的になって罵声を浴びせてしまうケースもあります。それは介護疲れに陥っている証《あかし》。**そんなときはプロに助けを求めてください。**介護している方は一人ですべてを担おうとされますが、家族にしかできないことがある。それさえ大切にしていれば他はある程度人に任せていいと思うんです。

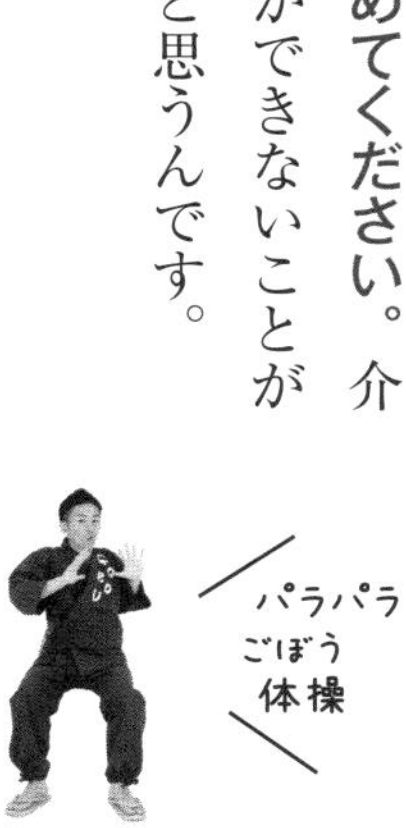

愛情を伝えることを
後回しにしない！

家族だからこそ厳しいことを言えますし、ケンカもできる。それはすごいことだと思うのですが、逆に距離が近い分、照れ臭さから愛情や感謝の気持ちを伝えることってあまりしないものですよね。

少し恥ずかしい話ですが、僕は高校生のとき、夜な夜な嘘をついて遊びに出ていたんです。そうしたらあるとき父親にこっぴどく叱られたのですが、そのときの父の言葉というのがすごくて。「おまえのことを愛してなかったらこんなこと言わないぞ！」と言ったのです。あまりにストレートで、当時は「何てことを言うんだ」とドン引きしたのですが、今でも強く印象に残っていますし、その〝温もり〟という影響力は間違いなくあったと思います。

家族の愛情による厳しさって、子どもの頃は嫌なものですが、大人になれば理解できるようになりますよね。僕は祖母が特別養護老人ホームへ入居するとき感謝の手紙を読みましたが、それをやってよかったと思います。祖父母も両親もいつまでも元気だと思いがちですが、老いは必ず訪れるもの。やはり**後悔のないよう、思っていることは伝えられるときに伝えてほしいと思います。**

パラパラ
ごぼう
体操

べったりだけが愛情じゃない。
「助けて」をオープンに！

家族の誰か、とくに親に介護が必要になったとき、私たちはそれまでの愛情に恩返しをしようと、すべて自分で看《み》ようと思ってしまいがちです。その結果、仕事を辞めてしまって貧困に陥ったり、あるいは外の世界との接触が断たれて精神的に追い詰められたり、というケースは非常に多いものです。

たしかに介護というのは、食事やお風呂など日常生活のサポートも必要ですから、やることは本当にたくさんあります。仕事をしながら合間に、というのは難しいでしょう。ただちょっと視野を広げていただければ気づけることなのですが、そういったことはすべて介護のプロに任せることが可能なんですよ。

今の介護保険制度を利用すれば、60点の生活までは誰もが目指せると思うんです。家族の方は、そのうちのできる部分だけやればいい。それは本当に、20点でも30点でもいいんです。残りの部分は介護制度の中で補えますから。

「自分の手で世話をしたい」という気持ちは素敵だと思いますが、バッタリ倒れてしまう前と後では、回復レベルがだいぶ違ってきます。**困ったらとりあえず地域包括支援センターに相談されるなど、早めに白旗を掲げてくださいね。**

フレンチから居酒屋まで。
介護施設のサービスを見極めよう！

ひと口に介護サービスと言っても、その内容は千差万別です。僕の運営する「リハビリカフェ倶楽部」では、ご利用者さんにあだ名をつけたりしないよう心がけていますが、もちろんこの距離感がベストだとは思っていません。施設によっては「ごきげんよう」と挨拶をしているところもありますし、反対に「○○ちゃん」などとご利用者さんを愛称で呼んでいるところもあります。そのように、フレンチレストランのように畏まったところがあってもいいし、居酒屋のようなフランクなところがあってもいい。**どちらに居心地のよさを求めるかは、ご利用者さんが決めることだと思いますから。**

ちなみに僕のオススメは、様々な年代のスタッフが働いている施設です。同じ世代のスタッフばかりですと、たしかに価値観が統一されやすいので仕事がスムーズに進み、ご利用者さんに迷惑をかけにくいかとは思います。でもそれだけに、新しいことを取り入れようとせず、ずっと同じやり方に固執してしまいがちにもなる……。つまり**スタッフの年齢層が広いということは、いろいろな感覚を取り入れて柔軟に対応しよう、という姿勢の表れだと思うんです。**

自分に合った施設を選ぶためにも
とりあえず一緒に現場に行ってみよう！

介護施設の見学となると、「年寄り扱いするな」と怒る方もいらっしゃると思います。でも最初はそれでいいんです。怒って「こんなところは嫌だ！」と言われたら、違う施設を一緒に見に行ってください。すると「さっきよりはマシだ」と比較したりする。**そうやって抵抗感がなくなっていきますから。**

今は高齢者の方の割合がどんどん増えていることもあって、介護サービスをおこなう施設の数は本当にたくさんあります。僕の住む愛知県の岡崎市だけでも150以上あるほどですから、様々な介護相談に応じるケアマネージャーさんも、全施設を見学しきれていないのが実情です。となると、こちらが希望条件を伝えても、ピッタリの施設を紹介してもらえないこともあると思うんです。

だからこそ自分自身で見学し、ご自分に合うかどうかを見極めてほしいと思っています。介護というのは、100点のやり方はありません。職員一人ひとりの〝人として〟の部分や、経営者の方針が大きく影響するところがあるものです。**どんなに評判のよい施設でも、ご自分に合わないことはありますから**、まずはご家族の方も一緒に現場に足を運んでほしいと思います。

第三者が入ると人は変わる！

祖母に手紙を書いて読んだときの写真。

僕の祖母はとてもプライドの高い人でした。何でも自分で完璧にやってしまうため、家族にも同じレベルを求める厳しい祖母だったんです。そんな祖母ですから、元気な頃は家族に何かしてもらっても、感謝の言葉を口にしたことはありませんでした。ところがデイサービスに行くようになって、僕の母に「ありがとう」と言うようになったんです！　おそらくデイサービスで様々なサービスを受けるうちに、「ありがとう」と言うことに慣れたんでしょうね。きっとそれは、家族ではなく第三者だから気軽に言えたんだと思います。

その祖母が特別養護老人ホームに入るとき、僕は手紙を読んだんです。「おばあちゃんがデイサービスに行って『ありがとう』と言うようになってから、家族の絆も深まっていったよね。僕もそんな手助けができるように、ごぼう先生として頑張っていくので応援してください」と。すると祖母は、普段は会話もままならないのに、その瞬間だけ「はい！」と大きな返事をしてくれました。

家族には素直になれなくても、第三者が入ると人は変わるものだと思います。この出来事は、今もごぼう先生としての僕の、原点になっています。

パラパラ
ごぼう
体操

「介護」「ヘルパー」といった言葉はできるだけ使わない

両親や祖父母を介護施設に通わせたいと思ったとき、「介護施設に行こう」と言うと、誰も行きたがらないものです。どうしても、お年寄りや体の不自由な方が介護を受ける場所、と捉えてしまうのでしょうね。「自分はまだ元気だ」と思っている中で「行こう」と言われてしまうと、「何で？　まだ元気なのに」と拒絶反応を示されてしまうんです。

ですから**声をかけるときは、言葉を選ぶことが大事だと思っています。**たとえば僕が運営するデイサービスは体操やお茶の時間も設けていますから、家族の方には「体操をしに行こう」とか「お茶しに行こう」といったお声がけをしていただくことをオススメしています。ヘルパーさんを依頼するときも、「洗濯を手伝ってくれる人」とか「お風呂に入るのを手伝ってくれる人」などと言ったほうが、受け入れやすいようです。

人によっては介護とかヘルパーといった言葉すら抵抗感を覚える方もいらっしゃいますので、いかに他の言葉でお声がけするか。**その言い方次第で、「じゃあやってみようか」という一歩が踏み出しやすくなるのかな、と感じています。**

子どもの力は偉大。愚痴も吹っ飛ぶ！

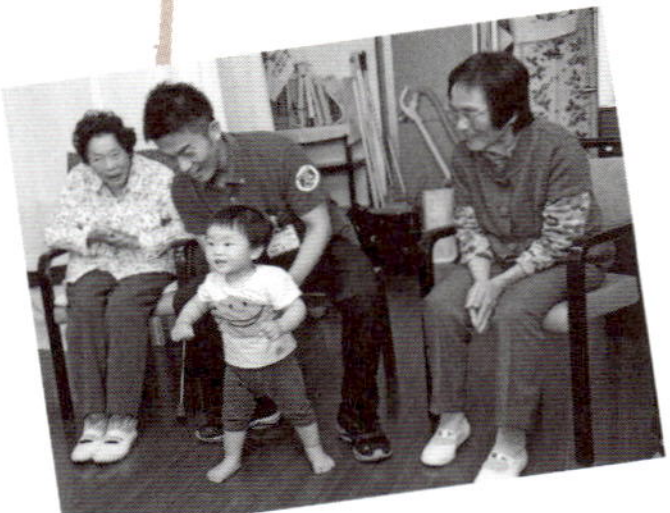

僕よりも人気がある息子。息子が来ると、ご利用者さんがイキイキされます！

僕には1歳半になる息子がいまして、たまに自分の経営するデイサービスに連れていくことがあります。そこで気づいたのですが、ご利用者の皆さん、息子の姿を見るだけでものすごい笑顔になってくださるんですよ。認知症の方も、息子の名前は覚えてくれているんです。僕が「僕の名前は何でしたっけ？」と聞いても「知らん！」と言われるのですが（笑）。

息子に限らず子どもの話になると、皆さん、不思議とネガティブな話をしなくなります。それまでご主人やお嫁さんの愚痴ばかり言っていた方も、一気に笑顔になられるんですよ。**今はスマホで簡単に子どもの写真や動画を撮ることができるので、それを見せるだけでも空気は変わると思うんですよね。**

昨今は介護施設と幼稚園や保育園を隣接させようという傾向があります。現代は祖父母と同居する子どもが減っていますから、自然な交流が増えるのは素敵なことだと思います。僕自身、祖父母と暮らしてきたことから高齢者を支えたいと思うようになったのは確かです。**〝若いエキスを吸う〟ではありませんが、子どもの力を借りられれば高齢者の方のエネルギーももっと高まると思うんです。**

コラム②

体操で全国を巡ったときに起きた珍事!?

お陰さまで、北は北海道から南は鹿児島まで、全国各地で体操をする機会をいただいていますが、参加してくださる方々の雰囲気が地域ごとに違い、僕自身とても刺激を受けています。その中でも印象的だった出来事をご紹介します。

1　大阪のばーちゃんの反射神経

大阪のデイサービスでの出来事。僕が、「『あんたがたどこさ』を歌いながら体操をおこないましょう。さ、のタイミングで手拍子をしますよ！」と言って歌い始めました。

「それを、猟師が鉄砲で撃ってさ」というフレーズで、あるばーちゃんが僕に向かって、「バキュ――ン」と言いながら鉄砲を撃つフリをしたのです。リハーサルなしですよ！　その反射神経とノリに驚きながらも、即座に撃たれたフリができなかったことを猛省しました……。

2　東京・高円寺で阿波おどり

「皆さん、何か趣味はありますか？」の問いかけに、勢いよく手を挙げた方がいらっしゃいました。「阿波おどりです」と。「どうやるのですか？」と質問すると、「手を交互に上げればいいだけ。それ、ヤットサー♫」と突然歌と踊りがスタート。僕も見よう見まねで踊ることに。皆さんも手拍子で参加してくださって、温かい一体感が生まれました。

人生初の阿波おどり体験となりました！

第3章

笑顔を作るパフォーマー

介護の現場

高齢化社会が進む現代において、介護スタッフはなくてはならない存在。そう考えて前に進むごぼう先生の、介護スタッフとしてのやり甲斐、壁にぶつかったときの乗り越え方を紹介。介護の道を目指す人は必読です！

介護職は新３Ｋ職。
希望、期待、救世主だ！

介護の仕事は3Kだと言われます。その意味は、今はまだ「きつい、きたない、給料が安い」というマイナスのものですが、僕は将来的には、「希望、期待、救世主」の3Kになると思っています。というのもこれから先、介護が必要な高齢者というのはもっと増えてきます。それに対して介護スタッフは、圧倒的に足りないのが実情。つまり、**引く手数多《あまた》の存在と言えると思うのです。**

ホリエモンこと堀《ほり》江《え》貴文《たかふみ》さんは、「不満があるなら、究極の選択はみんなで辞めてしまえばいい」と彼特有の言い方をしていましたが、全員が辞めたらそれこそ生死に関わってきます。それぐらい重要な仕事ですから、この先、働く環境はもっとよくなると思うし、**面白いことを閃《ひらめ》いて実行したら大きく羽ばたける仕事である。**僕も、どの年齢の方も楽しめる体操を考案したら必要としてもらえるんじゃないか、と閃いたことで、仕事の可能性が大きく広がりましたし。

高齢化は中国など他の国でも進んでいますし、大手企業も介護事業に参入し始めています。きっと今のピンチはチャンスに変えられるはず。僕も将来は「イー、アール、サン（中国語の1、2、3）」と体操を教えているかもしれません！

新人には新人の、
ベテランにはベテランの強みがある!

僕は高校からボクシングを始めましたが、最初は先輩と同じようにパンチを出しているつもりでも、まったく当たりませんでした。経験値が違うのですから、当然ですよね。ただ一方で、**無我夢中の勢いは、新人にしかないもの**です。

介護職も同じだと思うんです。新人はベテランのように何事もうまくはできませんが、新人の強みは〝思い〟です。経験値は、ボクシングと同様、リングに上がる（介護の現場で働く）だけで積み重ねられていきますから、焦らず飛ばすぎず頑張ってほしいと思います。でないとバテてしまいますから。

同時に**ベテランも新人を見て、「初心」を思い出してほしいと思います。**経験値の高いスタッフは、「慣れ」からついドライに接してしまうこともありますが、それが冷たく感じられてしまうことも。だからベテランになっても、何でこの仕事を始めたかという初心は忘れないでほしいと思っています。

僕はときどき新人スタッフのマッサージの練習台になるのですが、されながら「僕もこうだったな」と、自分の新人時代を懐かしく思い返します。それは同時に、この仕事のやり甲斐というものをあらためて教えてもくれるんです。

パラパラ
ごぼう
体操

みんなを笑顔にしたいけど人前が苦手……という人への魔法の言葉

介護の仕事というのはご利用者さんとコミュニケーションを取ることがとても大事です。加えてレクリエーションや体操では、ご利用者さんの前に立って、楽しんでもらえるよう伝えなければならないときもあります。そんなとき人によっては、緊張してストレスを感じてしまうかもしれません。

人前で話すことが好きな僕でも、24歳で体操を伝え始めた当初は、しょっちゅう舌を噛み、動きもぎごちなかったものです。それだけでなく、盛り上げようと下ネタを言って滑り、会場をシーンと静まらせてしまったことも……。そんな経験から心がけるようになったのが、この2つの言葉です。

もう一人の自分を作る！：目の前にいる人を楽しませる専用の自分を作るのです。僕は「ごぼう先生」というキャラを作って名乗るようにしてから、自分もラクになりましたし、参加者の皆さんの反応も大きく変わったのです。

緊張のある場所こそ自分をレベルアップできる！：緊張する一日とは、特別な一日。終わったとき過去の自分より成長している！　と心の中で唱えるのです。

コミュニケーションが苦手な方は、ぜひ参考にしていただければと思います。

心が折れることも大事!?

理想を持って介護の世界に入ったものの、現実を知って心が折れてしまう方も多いことでしょう。でもそういったキラキラした思いというのは、僕はめちゃくちゃ大事だと思うんですよね。

僕は以前、東海若手起業塾といって、若手起業家を育てる塾に参加しました。そこで「ごぼう先生」としてやりたいことを伝えたところ、「デイサービスの運営と二足のわらじなんて中途半端だ」と、ぼっこぼこに心をへし折られたんです。当然凹みましたよ。たしかに当時はデイサービスも赤字でしたし、「僕は一体何をしたいんだろう」と、夜中にベッドの上で体育座りになってしまうほど……。

でもそこで吹っ切れたんです。**反骨精神がメラメラ湧いてきて、「それでも僕はやりたいんだ。ならば日本一を目指してやる！」と。**すると最後は、講師の方たちが、「折れずによく貫いた」と褒めてくださいました。

今思えば、僕が調子にのらないようあえて否定することが狙いだったのでしょう。やはり成功している方って、腰が低く協力を仰ぐのが上手なんですよね。起業塾に通ってそこに気づけた。心を折られてよかったと思います。

僕が体操の職人になれた理由

僕のＤＶＤを見ながら体操をする祖母。

僕が介護の世界に関心を持ち、最初に見学した施設というのは、とても明るくて雰囲気のよいところでした。「こんなに伸び伸びやっていいんだ！」と思い、それが自分の中での軸となって、様々なことに挑戦する基盤ができたと思います。最初にこの施設と出合えたことは、本当にラッキーでした。

もし違う施設を見ていたら、デイサービスを運営しながら体操の先生としても活動する、ということは考えつかなかったかもしれません。介護業界において二足のわらじを履くことは一般的ではありませんでしたから。でもこの施設を見て僕は、アイディアが高齢化社会の支えになる！　と思えたんです。

そこから僕は、**どうしたら自分が必要とされる存在になれるのかを考えました。**そうして椅子に座ったままできる体操が世の中にはまだ少ないと気づき、「ごぼう体操」を生み出したんです。アイディアのヒントは、テレビや本、ネット等から得ました。今は情報が豊富ですから、ヒントは日常の中にたくさんあります。決して経験豊富でなくとも生み出せるもの。むしろ**経験や先入観が少なかったからこそ、自分にしかできないものが作れたのかなと思うんです。**

小学1年生は同じ授業でもいいけれど
85年生は同じ授業じゃダメなんです！

高齢者の方たちというのは、今日まで歩んでこられた道のりが一人ひとりまったく違います。どこで生まれ育ち、どんな教育を受け、どんな仕事をし、どんな人付き合いをしてきたか……。たとえば同じ年齢でも、学校に通えなくて漢字や計算をあまり習っていないという方もけっこういらっしゃるんですよ。そういった方は、学習レクリエーションに対する拒否感が強いんです。

生い立ち以外に、現在の体調がどのような状態かも人それぞれです。まだまだ元気な方もいれば、体の一部が動かせない方、認知症を発症している方まで、まさに百人百様。ですから、**たとえば同じ85歳だからといって同じことをやってもらおうとしても、うまくいくはずはないですよね。**

これが小学1年生ぐらいなら、まだ大きな差は開いていませんから、同じ授業をおこなってもうまくいくと思うんですね。でも85年生は同じ授業ではダメ。ですから「ごぼう体操」も、どの世代がやっても楽しめることはもちろん、やる人の体調や性格によって自由に変えてもらっていい、そんな動きを考案したつもりです。やはり85年生の授業はオーダーメイドが大事だと思いますから！

自分が一番楽しむ！
気持ちは鏡のように反映される

認知症の祖母と暮らしてきた経験から痛感したことですが、僕がイライラした気持ちで接すると、祖母もイライラして余計おかしな行動を取っていたんですよ。認知症の相手に限らず、夫婦関係も親子関係も、人間関係は皆そうではないかと思います。

この経験は、僕が体操をお伝えするときのモットーとなっています。「自分が一番楽しむ！」。**やっている自分が楽しめないなら、やらないほうがいいと思うんです。気持ちは鏡のように反映されるものですから。**

では自分が楽しむために必要なことは何かというと、やはり〝余裕〟だと思います。時間の余裕、体力の余裕、精神的な余裕……。介護に一生懸命になりすぎて、疲れている家族の方というのは大変多いものです。そうなると、なかなか穏やかな気持ちで相手に接することもできなくなってしまいますよね。そんなときこそ、デイサービスを利用して少し距離をとり、余裕を取り戻してほしいと思っています。反抗期の子どもだって、部活を始めたりして自分の時間が持てるようになると、少し落ち着いたりするものじゃないですか……？

ごぼう先生スイッチオフ！作務衣を脱げばただの人

介護の仕事をしている人たちは本当にマジメな方が多く、おじいちゃんおばあちゃんのことが大好きなんですね。たしかにこの仕事は好きじゃないと続けられないところはあると思います。ただそれゆえ全力で走りすぎて、疲れてしまう方が多いのもたしか。そういった、疲れをとるのが上手ではない方の共通点は、〝ずっと介護のことを考えている〟というところにある気がします。

僕はその点、イメージ衣装でもあるごぼう色の作務衣《さむえ》を着ると自然とスイッチが入り、脱ぐとオフになるんです。そしてオフのときはあまり仕事のことを考えなくなる。衣装によって〝もう一人の自分〟を作る感じですね。

介護の仕事というのは、日常生活を自分で支えることができなくなった人と向き合う仕事でもありますので、深く関われば関わるほど戻れなくなる、という辛さがあります。ご利用者さんの望む状態にしてあげたい気持ちはあっても、それはすごく難しいこと。それゆえ自分を責めたり、24時間仕事のことを考えたりしてしまうのでしょうが、**自分なりに工夫してスイッチを切ることは必要。**そしてそれは、介護をされているご家族も同じではないかと思います。

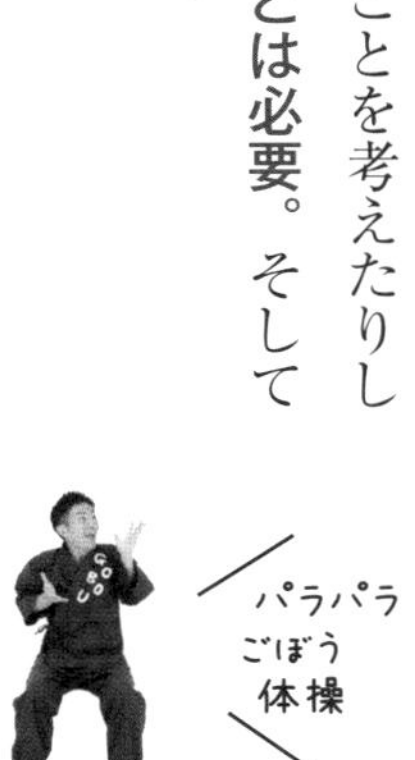

思いを共有できる仲間、発信できる場所を持とう！

介護の世界というのは、経営者や職員個人によって考え方、方針が様々です。それゆえ価値観の合う人と話をすることが必要。「これってこう思うんだけど」「そうだね」と共感し合えるとものすごくモチベーションが上がります。僕の運営しているデイサービスでもミーティングをおこなうと皆、一気に姿勢が変わるんです。

身近に価値観の合う仲間がいなくても、今の時代はＳＮＳで交流できるのが強みだと思います。Facebookにも介護職の人が集まるグループがあるのですが、大きいところでは３０００人ぐらいの仲間が集まっているものもあるんですよ。書き込まれているのは大抵は愚痴なのですが、それに対してコメントが60も70も返ってきている。中には心ないものもありますが、自分の言ったことに対してリアクションがあるというのは、救われることもあるのではないでしょうか。

僕自身も、「この人だったら話しやすいな」という人が何人かいるのですが、それだけでありがたいものです。**今はつながりたい人とつながれる時代ですし、疲れを溜めないためにも、常に声を出していくことは大事かなと思います。**

高齢者といって一括りにしない！

ニュースで言われていたのですが、最近はゲートボール人口が減ってきています。その理由というのが、チームワークが保てない、とのこと。今の高齢者には戦争経験者と未経験者がいて、価値観がまったく違うからだそうなんです。

今の90代の方たちは戦争をド真ん中で経験されていますし、中には軍隊に入っていた方もいらっしゃいます。80代の方も、食べ物がなくて芋の蔓《つる》を食べていたとか英語が禁止されていたとか、戦争の印象は強く残っているようです。ところがこれが70代になりますと、戦争の記憶がある方もいらっしゃいますが、ド真ん中で経験している人は少ない世代。**それぞれ価値観も文化も違いすぎて、僕たちが提供するサービスへの捉え方もまったく違うんですよ。**

国の〝高齢者〟の規定は65歳以上ですが、65歳と90歳はもちろん、70歳と80歳でも一括りにして接してはいけないと思います。

ただ共通しているのは、どの世代の方もとにかく温かいんですよね。人情というか、お節介というか。そこは今の若者のほうが欠けてしまっている気がしますし、学ばなければいけない部分だな、と思いながら過ごしている毎日です。

ご利用者さんとの距離感は
遠すぎても近すぎてもいけない。
バランスが大事！

介護スタッフにとって、ご利用者さんとの距離の取り方は大変難しいものがあります。実はこのテーマに関して、僕は少し苦い経験をしたことがあります。

僕の運営するデイサービスには、杖を使って「そーれ、そーれ、よっこらしょ」と独自のリズムを取りながら歩かれるご利用者さんがいらっしゃいます。その姿が微笑ましく、僕も応援するような気持ちで、いつも「そーれ、そーれ」とお声がけしていたのです。ところがそれを見ていた他のご利用者さんから、「店長さんはあの方を特別扱いしている」というご注意が入ってしまいました。もちろんご注意をいただいたご利用者さんともコミュニケーションはとれていたのですが、一人の方との特別な距離の近さに嫉妬をされてしまったようです。

相手の表情を見ながら一人ひとりに合わせた関係性（距離感）を作ることは大切です。その関係性がご利用者さんの孤独を和らげ、不安を取り除く力になると思いますから。ですが時にはその関係性が、周囲にストレスを与えてしまうこともある……。**一人ひとりと丁寧に向き合いながらも、その自分がどう見られているか。そこまで視野を広げることが必要なの**だと痛感したご注意でした。

問いかけ方を変えてみよう！

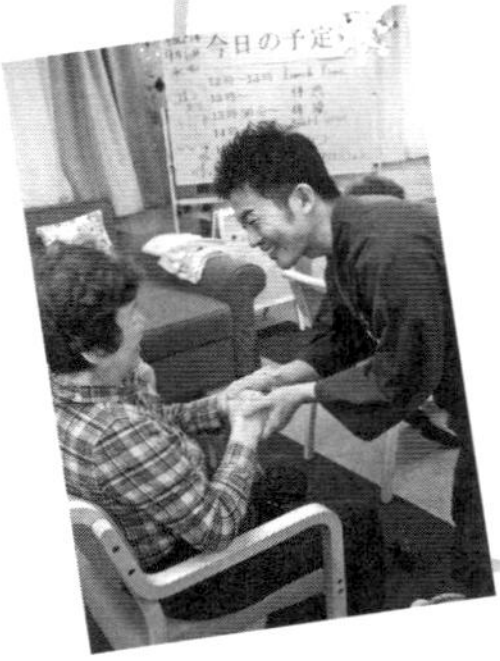

生きていくための日常の行動って、皆さん、その9割は無意識にされていると思うんですね。その無意識をいかに振り返ってもらうか、というところも、僕たち介護スタッフの大事な仕事だと思っています。

そこで僕が意識しているのが、質問の仕方です。たとえば食事の状態を知りたいとき、「しっかり食べてますか？」と、食べているかいないかだけを聞きがちです。でも僕は鍼灸師の先輩から「ごはん、美味しく食べてますか？」と聞いたほうがいいよと教えられ、実際、そのように聞いたらとてもよい反応が返ってきたんです。

「しっかり食べてますか？」と聞いても、満足されているのか、美味しいと感じられているのか、分かりません。この出来事は、**〝行動〟を問うのではなく〝気分〟を問うことが大事なのだな、と僕に気づかせてくれました。**以来僕は、体操をおこなった後も、「動けましたか？」ではなく「楽しかったですか？」と聞くようにしています。参加してくださった方の行動ではなく気持ち、ひいては表情が変わることが、僕にとってのゴールでもありますから。

笑顔を作るパフォーマー

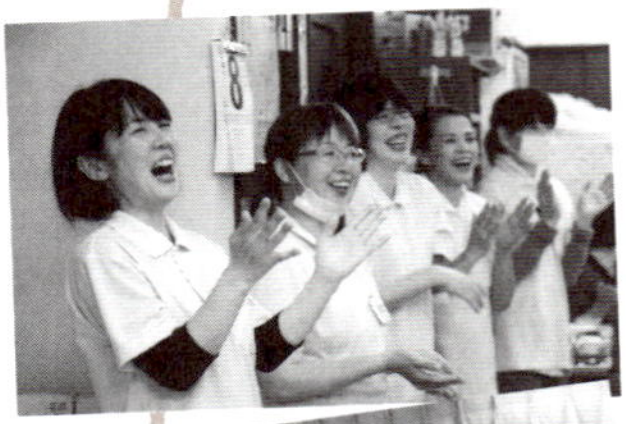

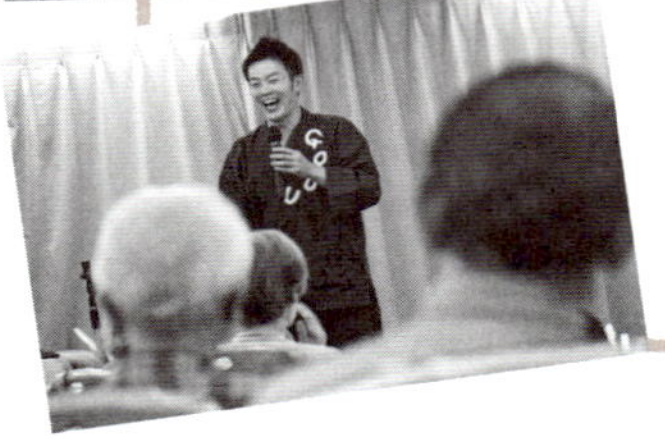

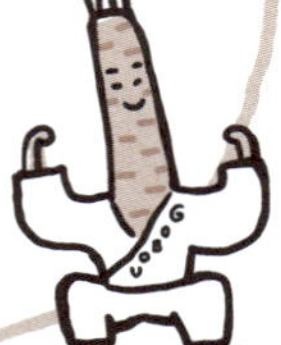

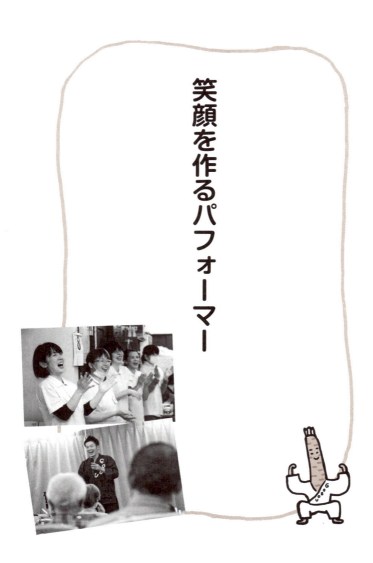

僕は鍼灸師から介護の世界に進んだこともあって、最初はつい、ご利用者さんの体の機能をもっとよくする、という前提で接してしまったんですね。もちろんそれは悪い考えではないのですが、現実には「よくする」ということは本当に難しい。そこで「自分には何ができるのか……」と考えたとき、「よくすることはできなくても、皆さんに喜んでもらうことはできる」と思ったんです。

そんな中、よくご利用者さんが「先生が続けてねって言った体操、やってるよ」と言ってくれていたのを思い出して。そこで、「体操ならご利用者さんも介護スタッフも一緒にできる。だから全員が笑顔になるようなパフォーマンスをしよう！」と、「ごぼう先生」というキャラクターを生み出したんです。

やはり**笑顔が増えると体調がよくなる方も多いですし、何より一瞬の笑顔が見られることで、家族もスタッフもすごくホッとできるんですよね。**介護は決してラクなものではありません。そんな中でも、たまにブワッと笑ってくれると、疲れが吹っ飛んだりするんですよ。僕たちもその一瞬の笑顔のために頑張っている、と言っても過言ではないと思います。

若い僕が考えた体操だからウケた⁉

初めて体操指導をしたとき。
緊張でガチガチでした！

僕の考案した「ごぼう体操」にここまで多くの方が興味を持ってくださったのは、年齢や体の状態に関係なく、誰もが楽しめる伝え方を心がけてきたことが大きかったと思うんです。

それまで話題になっていたものは、実際の高齢者さんがやっている体操が多かったんですね。たとえば80歳の元気なおばあさんが、「私はこれを毎日やって元気だからお勧めですよ」というものですね。でもどんなに素晴らしい体操でも、その方より若い世代には物足りなく感じてしまうものです。そこで、もっと幅広い世代の方が興味を持てる体操があったらいいな、と思ったのです。

だから僕は体操をお伝えするとき、事前に台本を作ることはしません。**１００以上ある動きの中から、その日の参加者を見てアドリブでやっています。**今日は車椅子の方もいるからこの動きにしようとか、比較的若い方が多いからこの動きにしようとか。参加者に合った動きを瞬時に選べることこそプロだと思いますし、そういったアドリブ感を大切にしてきたから、ここまで多くの人に楽しんでやってもらえるようになったのかな、と思っているんです。

若さは最大の武器！

今や何においても、変化のスピードというのはものすごいものがあります。たとえばスマートフォンのアプリも次々に便利なものが開発されていますし、ゲームだってこの35年ぐらいで、ファミコンからＷｉｉやＳＷＩＴＣＨまで、目まぐるしい進化を遂げています。何より「ごぼう体操」のＤＶＤも、僕一人で制作して販売を始めましたが、昔なら絶対できなかったことですよね!?

僕はよく介護スタッフさんの前で、「好きなことのかけ算で今日まできました」と話しています。というのも僕は昔から、新しいことを始めたり、サプライズを考えたりするのが好きだったからです。その好きなことが重なって今、「ごぼう先生」という唯一無二の存在になれているのかな、と思っています。

僕たち若い世代は、そういう進化に日常的に接してきたからこそ、「こうしたらもっとご利用者さんはラクなんじゃないか」といった、新しいアイディアを生み出せる強みがあると思います。ですから皆さんも、若さを生かしたアイディアを自分の価値につなげてほしいと思いますし、もしどう生かしていいか分からなかったら、ぜひ僕に相談してください。一緒に考えていきましょう！

楽しかった遊び、好きだったアイドル
……思い出すことも体操！

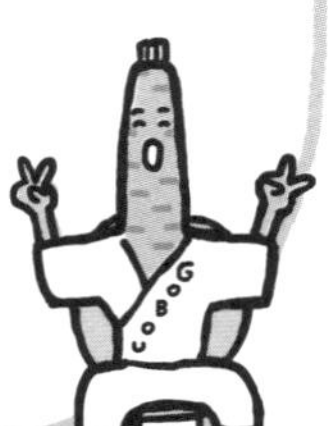

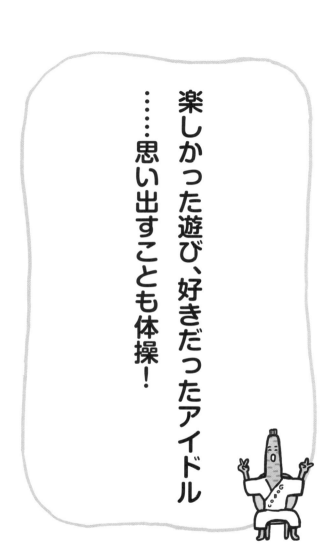

僕のデイサービスでは、簡単なレクリエーションの時間を設けています。そこでは塗り絵や折り紙などの他に、お手玉もときどきやるのですが、これが大変反応がいいんです。遊びも文化。やはり幼い頃に皆が共通してやっていた遊びは盛り上がりますし、年月が経っていても再びやると笑顔になるものです。

ただ、お手玉を取り入れているのは、遊びというより、そういった子ども時代のことを思い出してもらうという目的のほうが大きいのです。「回想法」という心理療法がありまして、楽しい記憶を蘇らせることで脳や心の活性化を促し認知症予防につなげる、ということが期待されているんですね。実際、愛知県の北名古屋市には「回想法センター」というものが設立されていて、昔の風景を写した写真や、黒電話といった道具が多数置かれているんです。

思い出すことも立派な体操！　だから僕も体操を伝えるとき、ただ**「棒を振りましょう」ではなく「チャンバラのように」と言うなど、できるだけ昔を思い出してもらえる言葉を使うようにしているんです。**そのほうが高齢者の方も、明らかに気合が入って表情豊かに体操してくれている気がします。

四季という〝刺激〟を取り入れよう!

紙で作ったあじさい。

夏祭りで水風船釣り。

僕の運営するデイサービスでは、折り紙で季節の植物をご利用者さん自身に作ってもらって飾り付ける、ということをおこなっています。6月だとあじさい、11月だと紅葉、というふうに。他にも夏は夏祭りを催しています。法被《はっぴ》を着てご利用者さんと盆踊りをしたり、縁日のように水風船釣りをおこなったりと、できるだけ印象に残る日を作ろうと工夫しているんです。

こういった季節の行事をおこなうようにしているのは、日頃からご利用者さんが、季節の思い出を楽しそうに教えてくれているからです。とくに桜のお花見の力は偉大で、認知症の方も「綺麗だったよ」と懐かしそうに語るなど、比較的忘れず残っていらっしゃるのを感じます。

日本には四季という素晴らしい〝刺激〟があります。その刺激に触れることは、子どもの頃の思い出を呼び起こすきっかけにもなりますし、それを話題にコミュニケーションを取りやすくもなります。何より綺麗なものを見た思い出というのは、人の表情をほころばせる力があると思うんです。ですからぜひ、老いの予防として、四季を日常に取り入れ五感を働かせてほしいと思っています。

コラム③

“健康戦隊・根菜レンジャー”誕生？

「ごぼう先生」として体操を伝えて、高齢者の方々の笑顔を作ることが僕の一番の目的なのですが、最近は介護施設の職員の方々にも喜んでいただくことが増えてきました。中には「私も大根先生と名乗ってもよろしいでしょうか」と質問されたり、「れんこん先生として、施設で体操をしています」とおっしゃる方もいらっしゃいます。介護職の方々に「自分達でもごぼう先生のようなことができるかも！」と思っていただけることは、本当に嬉しい限りです。ごぼう、大根、れんこん……“健康戦隊・根菜レンジャー”を結成できる日も近そうです（笑）。個性を活かして、高齢者の笑顔を作る、「ごぼう先生のライバル」がどんどん現れてくれたら……と思っています。

同じく栃木県・れんこん先生

栃木県・大根ブラザーズ

第4章

介護する人もされる人も元気になる！

ごぼう体操のコツ

ごぼう先生が体操を教える場は、いつも笑顔でいっぱい。車椅子で歩けない人も、半身が麻痺して動かせない人も、誰もが楽しめる。そんな魔法のテクニックを明かします！

パラパラ
ごぼう
体操

カラダをアヤツる
と書いて体操！

思うように体を操れるのなら日常生活は普通に送れますから、介護は縁のないものです。でもいつのまにか操れなくなるから、サポートが必要になってくる……。

体操は、その衰えの始まりに気づくきっかけにもなると思うんです。

皆さん、始まりは本当に気づきにくいんですよ。歩くのが億劫《おっくう》になってどんどん行動範囲が狭まっていき、気づけば外出が困難になっていたり、湯船に浸かろうと思っても、浴槽の縁を越えるまで足が上がらなくなっていたり、と。反対に認知症の方は、体は動くのですがうまく操れなくなって、思ってもいない行動をとってしまうようになりがちです。

そういったゆっくり訪れる衰えって日常生活の中ではなかなか意識ができないものです。でも定期的に体操をおこなっていれば、「あれ、前はこの動きができていたのにできなくなっている。もっと頑張ろう」と気づけると思うんです。

ですから「自分はまだ元気だ」という方こそ、何でもいいので体操を続けてほしいと思います。**読んで字のごとく、カラダをアヤツリ続けることができれば、介護は必要ありませんから。**

ムキムキじいさん、ピチピチばあさんは目指さない！

よくニュースで、50キロのバーベルを持ち上げるおじいさんとか、70歳なのにお肌がピチピチですごく若く見えるおばあさんなどが紹介されたりしますよね。頑張ればそこに到達できるような印象を受けてしまいますが、そういった方たちは歳をとってから努力をしてムキムキ、ピチピチになったわけではなく、確実に若い頃から継続して積み重ねてきて、維持ができているんです。

身体機能は20代がピークで、30代からは衰えが始まると言われています。ですから何もしなければ、ムキムキ、ピチピチどころか、今の機能を維持することすら大変難しいこと。何でもいいので運動を続けることは絶対に必要です！

とはいえ実際には、ムキムキ、ピチピチまで目指したいという方は少ないと思います。皆さん、目標はやはり、〝充実した日常生活を送ること〟ではないでしょうか。**適度に体を操り、美味しいものを美味しいと感じ、旅したい場所に行ける。そんなレベルの維持を目指して、コツコツ頑張ってほしいと思います。**かくいう僕も32歳。衰えは始まっているわけですから、頑張らないといけないんですけどね……。

動かして、力を入れて、考える、
がポイント!

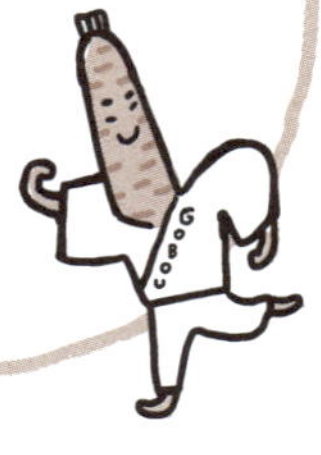

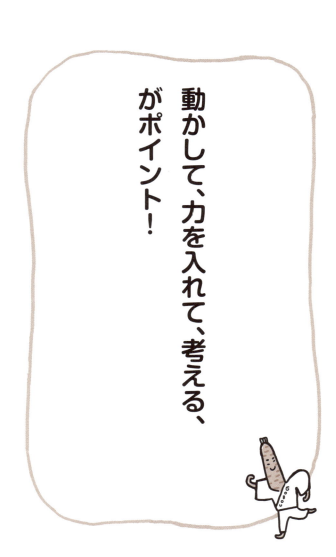

ひと口に体操と言っても、オリンピックの体操競技からラジオ体操まで幅広いですよね。そこで**「体操」というものを噛み砕いて考えたとき、僕は、動かして力を入れる、ということに尽きるのかなと思ったんです。**

体を動かそうと思ったら、脳から「動かしなさい」という指令がいくので脳が活性化されますし、自然と筋肉が収縮して力も入ります。加えて「この動きをおこなうには、どこをどう動かせばいいんだろう？」などと考えますから、ものすごく頭を使うことでもあると思うんですよね。

何より、体操をおこなう場に参加するだけでも、歩いて外へ出かけますから、ある意味、体操だと思うんですよね。**僕は、それぐらい「体操」というものを簡単に考えているんです。「動かして力を入れるだけでいいじゃん！」と（笑）。**

もちろん目的は大事ですから、体操を一緒におこなうときは、「これは脚の筋力を鍛えるための体操です」「これは食事を美味しく食べるための口腔体操です」などと伝えるようにはしています。でもやはり僕にとっての最大のゴールは、楽しく無理なく体を動かして笑顔になっていただくことなんです！

できないけど、できそう……
のドキドキ感が「楽しみ」になる！

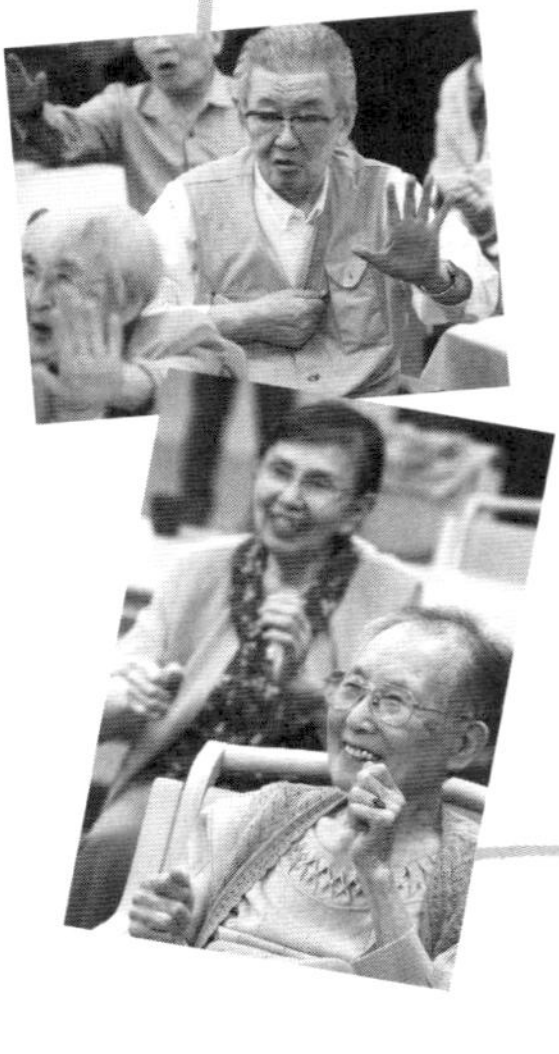

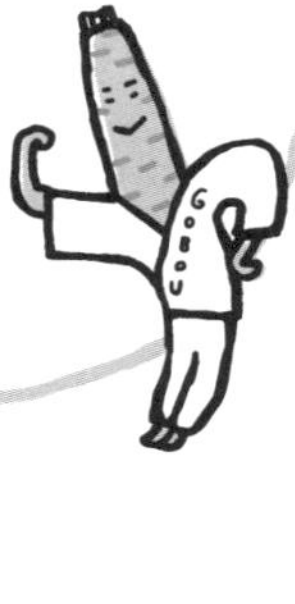

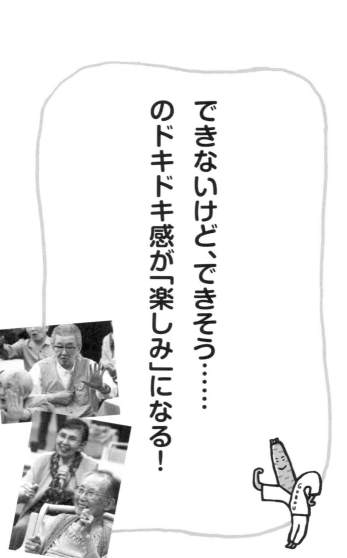

体操を一緒にやってもらうとき、意外と盛り上がるのが、うまくできるときもあればできないときもある、という動きなんですよ。ゴルフでもそうだと思うのですが、平均スコアが１００ぐらいの人だとしても、日によって１１０だったり90くらいのベストが出たりと変動しますよね。その**「今日はできるかな、できないかな」のドキドキ感が楽しみにつながっていると思うんです。**

たとえば常に新しい技に挑戦している体操の白井健三《しらいけんぞう》選手だって、フィギュアスケートの羽生結弦《はにゅうゆづる》選手だって、「できそうな予感があるけど今はできない」というのがモチベーションになっていると思うんですよね。それは何歳になっても同じ。脚が悪くて歩くのが難しかったとしても、座ったままでも「できそう」と思えることはまだまだいっぱいあると思うんです。

簡単にできてしまうことは飽きてしまうし、毎回できないことも嫌になって続きません。そうではなく、〝できそうな予感〟というのが大事なんです。だから**僕は体操も、体の動かし方そのものより、「できないことを楽しむ」というドキドキ、ワクワク感を伝えたいと思っているんです。**

ごぼう体操をやってみよう！

ごぼう先生の体操は、手軽にできて楽しいものばかり。何より、できなくてもOK！　むしろできないことに意味があるんです。だから介護予防のために体を鍛えたいと思っている人は、気軽な気持ちで始めてみましょう。

できなくてもOK！
笑顔で頑張りましょう！
GOBOU

こんないいことがあります！

1 今の筋力の維持が期待できる！

2 表情筋が鍛えられて、表情豊かに！

3 考えながらおこなうので脳が活性化される！

4 家族や友達と一緒に盛り上がれる！

ごぼう先生のアドバイス

◎どの部分の筋肉に力が入っているか意識しておこないましょう！

◎力を入れるときは呼吸を止めないようにしましょう！

◎自力体操はテレビの前やトイレで、口腔体操は食卓で、できなくて当たり前体操は喫茶店でおこなうのがオススメ！

◎痛みのない範囲で体を動かしていきましょう！

※病気をお持ちの方、体に不調を感じられている方は、医師から同意を得た上でおこなってください。体操が体に合わないと感じた場合はすぐに中止しましょう。

パラパラ
ごぼう
体操

ごぼう先生になったつもりで

体操をみんなに伝えよう！

ごぼう先生の体操は大勢でやるともっと楽しい！　介護スタッフさんの中には、ごぼう先生に代わって体操を伝えるれんこん先生や大根先生もいるんです。皆さんも家族や友達に伝えてコミュニケーションをとってください！

ごぼう先生の作り方

もう一人の自分を作れば恥ずかしくない！

僕は茶色の作務衣を着ると気持ちが切り替わります。人に教えるのが苦手な方は、メガネをかけるなどしてもう一人の自分を作って！

自分が一番楽しむつもりで！

楽しさは伝染するもの。伝えるあなたが楽しんでいれば、相手も無意識にワクワクするはず。僕も、いつも誰よりも楽しんでいます！

その場に合わせて声も動きも調整！

相手の笑顔を引き出すには視覚と聴覚の刺激が必要。伝える相手の雰囲気に合わせて、声のトーン、アクションの大きさを調整して！

緊張感は自分を成長させていると思って！

緊張なんて食べてしまいましょう（笑）。たとえ失敗しても「ごちそうさま」。食べ終わった後は必ず成長していますから、頑張って！

感謝の気持ちを忘れない！

体操を伝えるときは、楽しんでもらいたい気持ちとともに、一緒におこなってくれてありがとうという感謝の気持ちも込めています！

パラパラ
ごぼう
体操

自力体操❶

難易度 ★★★

この体操は、股関節を動かす腸腰筋を鍛えることを目指しています。腸腰筋は歩行において重要な筋肉ですので、足腰を弱らせないことはもちろん、転倒予防にもつながります。一日1回でもいいので毎日おこなってください。

1

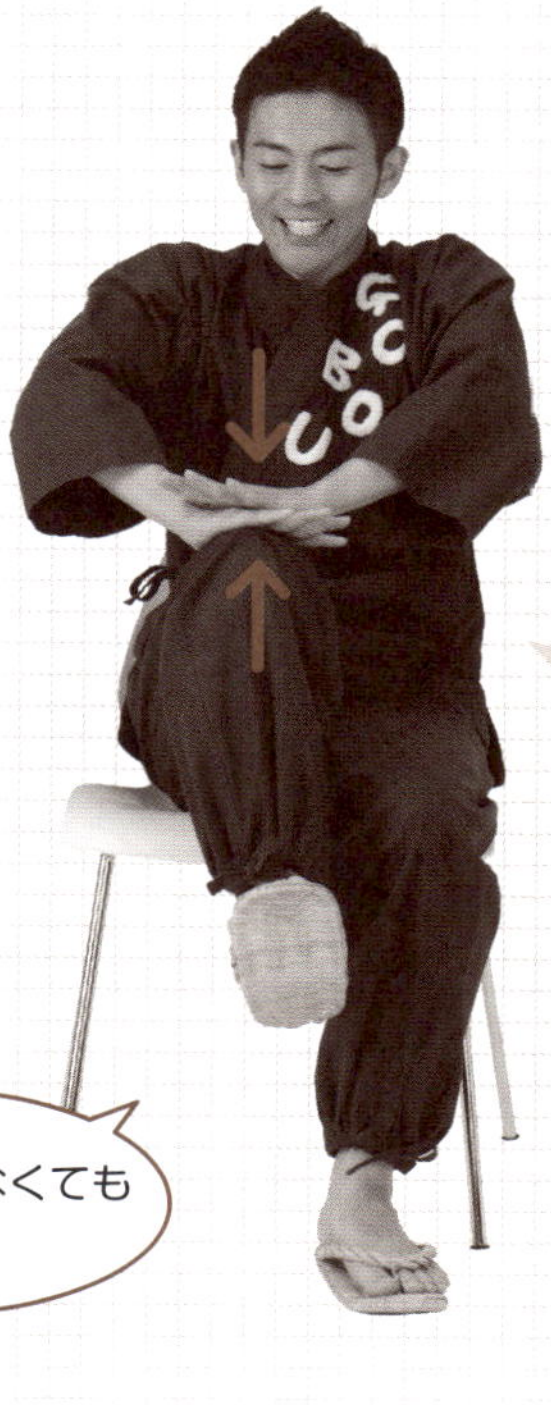

右ひざの上で両手のひらを重ね、押し付けます。その力に逆らって右ひざを少し上げ、声を出して7秒数えてください。

足は高く上げなくてもOKです！

横から見ると

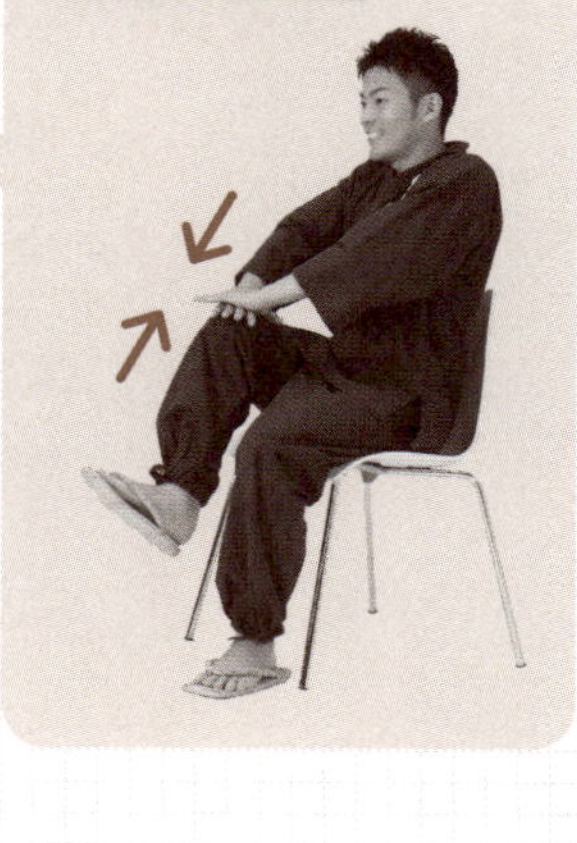

必ず声を
出してください！
息を止めてはダメですよ！

転倒予防

股関節

2

1、2、3、
4、5、6、7

反対側の足も！

今度は左ひざの上で両手のひらを重ね、押し付けます。そのまま左ひざを少し上げたら、また声を出して7秒数えて。このとき、息を止めてしまわないよう注意！

横から見ると

パラパラ
ごぼう
体操

自力体操❷

難易度 ★★★

肩回りと大胸筋に力が入る体操です。ここを鍛えると、上半身がシャキッとして若々しく見えるように！　力を入れる際に呼吸を止めがちになるので、その点に気をつけましょう。

肩

胸

胸の前で肘を上げて両手のひらを合わせ、しっかり押し合いましょう。この状態で７秒、声を出して数えてください。

自力体操③

難易度 ★★★

重たいスーパーの袋をしっかり持つ、箸を使う、洗濯をたたむ……など、日常の動作でよく使う指と肩回りを強化できる体操。自力体操②とセットでおこなうと、より効果的です。

肩

指

右手と左手の指を引っ掛け合った状態で、両肘を外側に引っ張りましょう。声を出して7秒数えたら、手の上下を入れ替えて、同様におこなって。

自力体操④

難易度 ★★★

年齢とともに衰えやすいももの内側に、力を入れる体操です。尿もれ予防を目指したい方にオススメ。ただし、ももの付け根に痛みを感じない範囲でおこなってください。

1、2、3、
4、5、6、7

手をクッション
だと思って
潰してください！

骨盤底筋

内もも

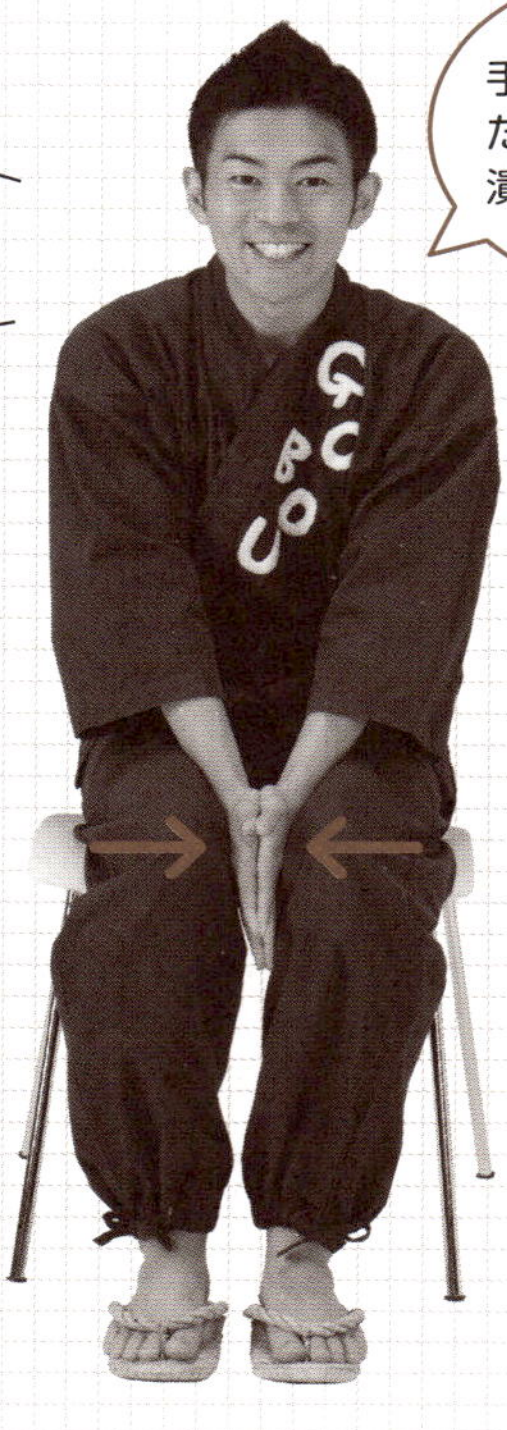

両ひざの内側に両手を挟み、その手を両ひざで潰すようにグーッと押しましょう。この状態で、声を出して7秒数えて。

横から見ると

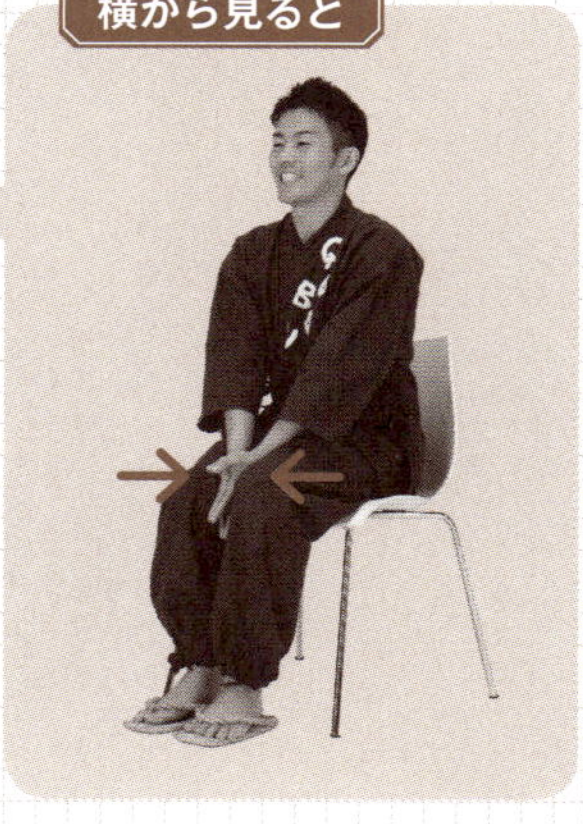

自力体操⑤

難易度 ★★★

肩回りの筋肉に力を入れられるだけでなく、バーベルを持っていることをイメージしながらおこなうので、脳の活性化も期待できます。それだけに難易度は高いですが、挑戦して！

5回

肩

猫背

自分に合ったバーベルの重さを想像しながら、「いち、にぃ、さん」と声を出しながら5回持ち上げましょう。

バーベルを頭の後ろで持っているようなイメージで、胸を開いてポーズをとることがポイントです。

パラパラ
ごぼう
体操

水かき体操

難易度 ★★★

水かきをしているようなイメージで手を大きく動かすことで、肩回りの筋肉の柔軟性を高める体操です。海や川で泳いでいた頃を思い出しながらおこなってください！

1

少し足を開いた状態で、背筋をまっすぐ伸ばしたら、胸の前で両手のひらを大きく広げ、水をかく準備をします。

横から見ると

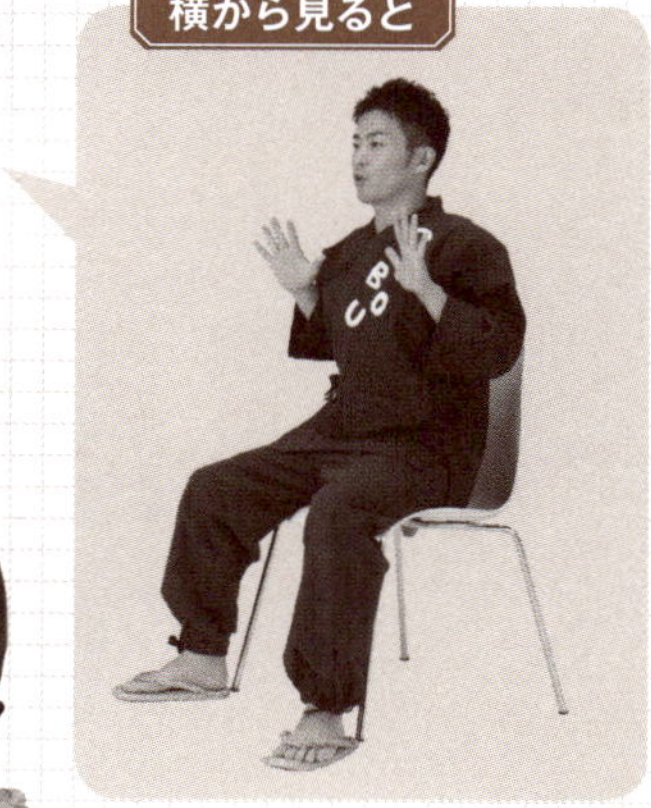

2

泳いで前に進むようなイメージで、体を前に少し倒しながら、両手を前に伸ばして。

肩こり解消

3

そのまま体の外側へと大きな円を描くように、両手で水かきをします。このとき両足が浮かないように注意して。

パラパラ
ごぼう
体操

4

水かきをしながらゆっくりと体を起こし、また１の状態に戻ります。

5

今度は上に向かって両手を伸ばしましょう。水中から浮き上がっていくようなイメージを持つのがポイント。

小さい頃、どこで
泳いでいましたか？
川？ 海？ プール？
昔を思い出してみて
ください！

6

大きく水をかきながら、両手をおろしていきましょう。水の抵抗を意識しておこなうと、肩甲骨まわりの筋肉もしっかり動かせます。

しこふみ体操

難易度 ★★★

下半身の筋力強化を目指したい人にオススメ。高齢者の中にはお相撲好きな方が多いので、そこからヒントを得て考案した体操です。立っておこなうと全身の筋力強化になります！

1

下半身の筋力強化

椅子に浅めに腰かけて、姿勢を正し、足を大きく開きましょう。手は左右のひざ上に置いて。

椅子からお尻が落ちないよう注意！

2

ゆっくり上げる

上げてー
上げてー
上げてー

「上げて上げて上げて」と3回言いながら、ゆっくりと片足を上げます。ただし、ひざが痛い方は無理をしないでください。

2回

3

よいしょ～！

「よいしょ～！」とお腹から声を出して、上げた足をしっかり地面につけるように下ろして。反対側の足も同様に。これを2回繰り返してください。

パラパラ
ごぼう
体操

口腔体操①
ベロ動かし

難易度 ★★★

食事の前の準備体操。口まわりの筋肉を動かすことで、表情筋を動かしやすくしたり、唾液の分泌を促して誤嚥《ごえん》を防いだりする効果が期待できます。食事前に限らず、思い出したときにおこなって。

1

舌で右のほっぺたを内側から押します。さらに、ほっぺたの内側を掃除をするように、舌を5秒間上下させてください。

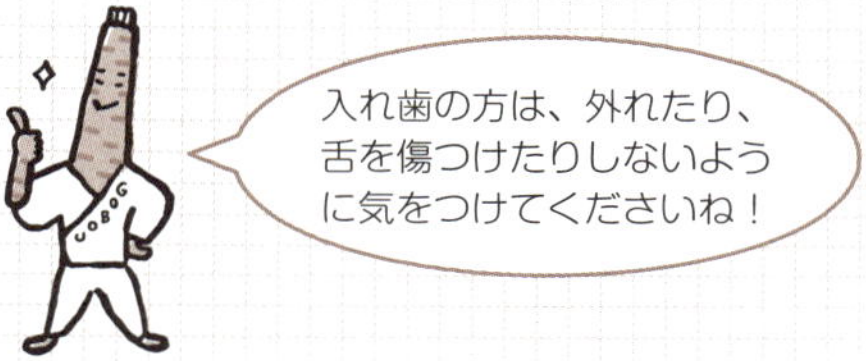
入れ歯の方は、外れたり、
舌を傷つけたりしないよう
に気をつけてくださいね！

2

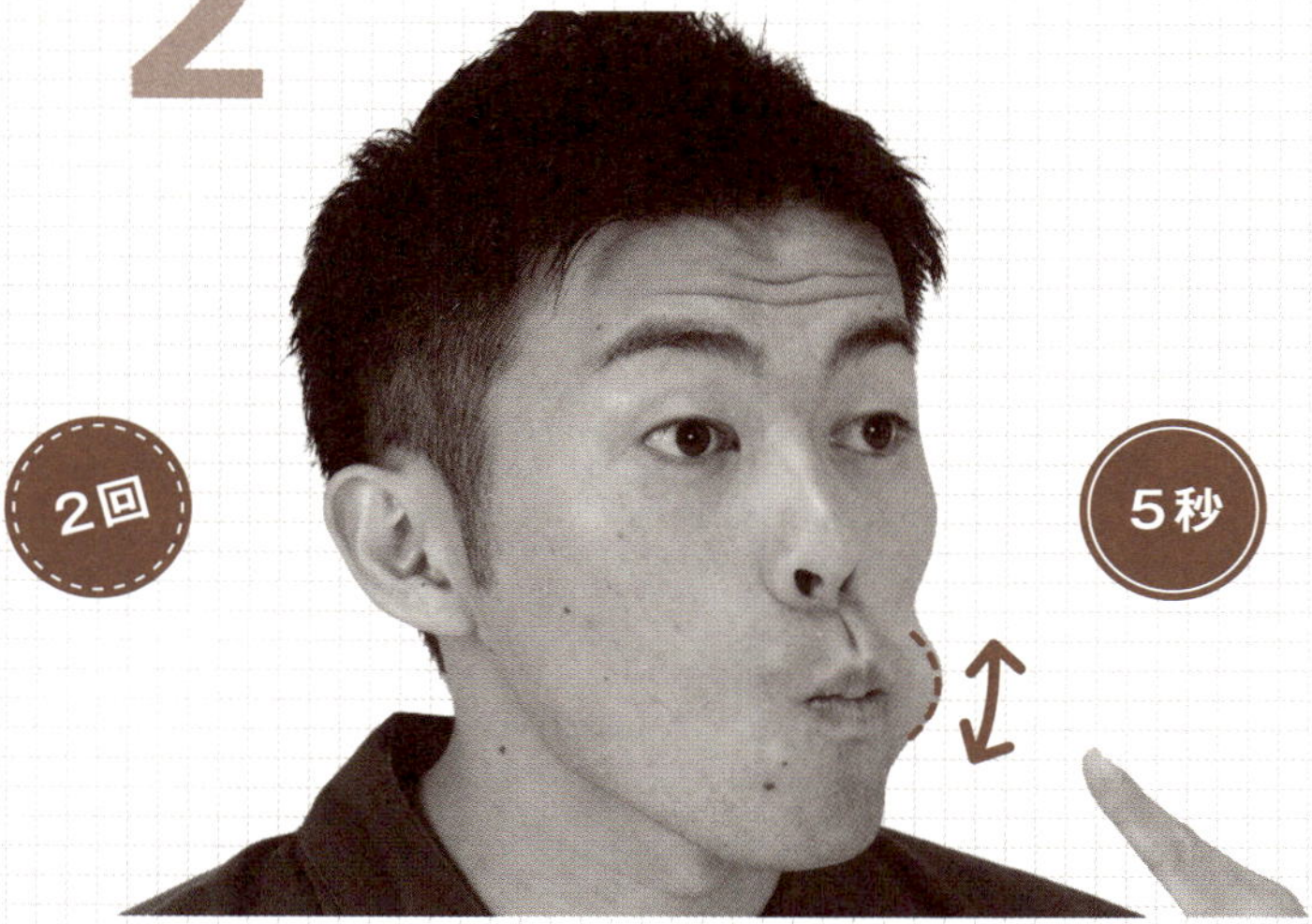
2回
5秒

反対側も同様に、５秒間舌を上下させて。これを左右2回ずつおこないましょう。

パラパラ
ごぼう
体操

口腔体操❷ 梅干しとひまわり

難易度 ★★★

顔の筋肉を中心に寄せたり外側に開いたりすることで、表情が豊かになる体操です。酸っぱい梅干しを想像しながらおこなうことで、唾液がたくさん分泌され、誤嚥予防の効果も期待できます！

1

酸っぱい梅干しを食べている気持ちになって、顔の中心に目や口を寄せていきましょう。

2

パーッ
ひまわりのように
大きく開いて！

続いてひまわりになったような気持ちで、目や口をパーッ！と大きく開いてください。

パラパラ
ごぼう
体操

口腔体操③
ウイスキー

難易度 ★★★

とても手軽にできる、表情筋を鍛える体操です。顔じゅうの筋肉を使って、一音一音、しっかり発音することがポイント。続けていると、表情が豊かになってくるはず！

イ 口を広げる

口角を大きく横に広げて、上下の歯をしっかり見せるように発音するのがポイント。

ウ 口をすぼめる

口をすぼめて「ウー」と発音します。目も大きく見開くと、より表情筋が鍛えられます。

この体操をすると
表情が豊かになりますよ！

キー　口を広げる

「イ」のときと同じように、口角を横に広げて、上下の歯がしっかり見えるように発音して。

ス　口を尖らす

くちびるを中央に寄せて前に尖らせるようにして、「スー」と発音します。目も大きく見開いて。

口腔体操④
パタカラ

難易度 ★★★

「パ」「タ」「カ」「ラ」と発音することで、口まわりの筋肉強化や舌の動きを滑らかにする効果が期待できます。「パパパ」と同じ音を続けて発音したり、「パタカラ」と続けて何回も言ったり、時には音程をつけて歌うように言ったり、飽きがこないように工夫して！

タ

舌を上アゴにしっかりつけて発音しましょう。舌がアゴにしっかりつかないと、食べ物を飲み込みにくくなってしまいます。

パ

口をしっかり閉めてから、「パ！」と開いて発音します。これにより口を閉める力がアップし、食べ物をこぼしにくくなります。

舌がきちんと動いていることを意識して

ラ

舌を丸め、舌先を上の前歯の裏につけて発音します。舌の動きが滑らかになり、食べ物を飲み込みやすくなります。

カ

「カ」と発音するとのどが閉められるので、のどの奥の強化が期待できます。誤嚥防止のトレーニングにもなる一音です。

できなくて当たり前体操❶ 親指・小指

難易度 ★★★★

簡単そうに見えて意外と難しいこの体操。なかなか親指と小指が交互に出てこないんです。でも、それでOK！　「えーっと次は……」と考えながらおこなうことで、脳が活性化されますから。家族や友達とおこなうと、「間違えちゃった！」と盛り上がれますよ！

1 両手ともグーに握ってから、右手は親指だけ出し、左手は小指だけ出します。

2

今度は右手は小指だけ出し、左手は親指だけ出します。これを何回か続けておこなってみましょう。

片方の親指と小指、
同時に出していませんか？

小指

できなくて当たり前体操②
グー・パー

難易度 ★★★★

単純な動作の繰り返しですが、直前の動きに引きずられてグーとパーが逆になりすいんです。こちらも間違えないように意識しながらやることで、脳が活性化される体操。大勢でおこなうと、周囲の人の動きに引きずられてさらに間違えやすくなるので、気をつけて！

1 片方の手をグーにして胸に当て、もう片方の手はパーにして前に突き出します。左右の手を入れ替えながら、この動きを繰り返しましょう。

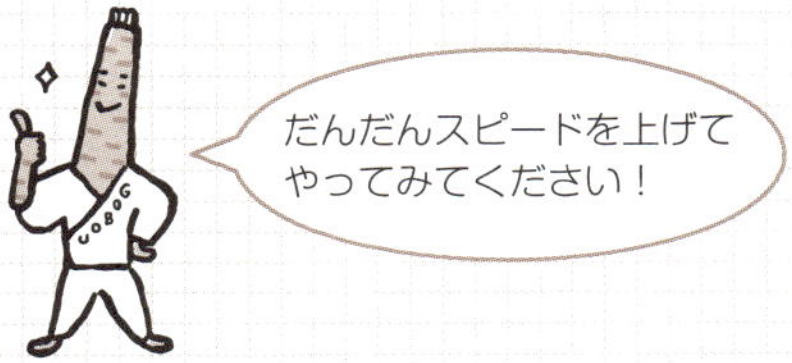
だんだんスピードを上げて
やってみてください！

2

今度は１と反対に、グーにした手を前に出し、パーにした手を胸に当てます。同様に、左右の手を入れ替えながらこの動きを繰り返して。

前がパーになって
いませんか？
グー
パー
パー
グー
前が
グー

パラパラ
ごぼう
体操

できなくて当たり前体操③

グー・チョキ・パー

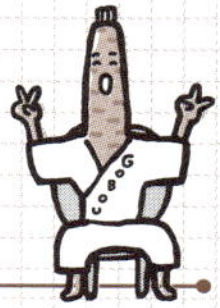

難易度 ★★★☆

じゃんけんの勝ち負けになるように、左右の手の形を入れ替えることを繰り返す体操です。途中で手の形を急に変えることを求められるので、混乱せずスムーズに切り替えられるかがポイント。順番は１→２→３でも２→３→１でも、好きにおこなってかまいません。

1

片方の手はグーに、もう片方の手はパーにする、という動きを、左右入れ替えながらリズミカルに繰り返します。

2

1を数回おこなったら、今度は片方の手をグーに、もう片方の手をチョキにし、またリズミカルに左右入れ替えることを繰り返します。

3

今度は片方の手をパーに、もう片方の手をチョキにして、やはりリズミカルに左右入れ替えることを繰り返します。さっきまでおこなっていた手の動きに引きずられて間違えないよう、しっかり集中して！

パラパラ
ごぼう
体操

グー・チョキ・パーのバリエーション

その1

片方は速く、片方はゆっくり

片方の手は、「グー・チョキ・パー」と高速スピードで、もう片方の手はゆっくりなスピードでおこなってみましょう。

その2

左右の手でじゃんけん

左手が必ず勝つように左右の手でじゃんけんしましょう。
左手がグーなら右手はチョキ、
左手がチョキなら右手はパー。
終わったら、次は右手が勝つようにおこなってみてください。

できなくて当たり前体操④
指数え

難易度 ★★★★

両手の指を足して５になるよう、指の動きをどんどん変えていくという難易度の高い体操。指を替えながら計算もしなければならないので、脳がフル稼働します！　「ご、ぜろ」「よん、いち」と数字を声に出して言いながらおこなうと、より効果が期待できます。

1

左右の指の合計が５になるように、「ご、ぜろ」と言いながら左手の指を５本出し、右手の指は全て閉じます。

2

左手の指は４本、右手の指は１本出した状態に変えます。このとき「よん、いち」と、大きな声で言いましょう。

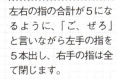

できないほうがいいんです！
イライラせずに笑顔で
チャレンジしてください！

3

「さん、に」と言いながら、左手の指を３本、右手の指を２本出した状態に切り替えます。

2　　3

4

「に、さん」と言いながら、左手の指は２本、右手の指は３本出した状態に切り替えます。

3　　2

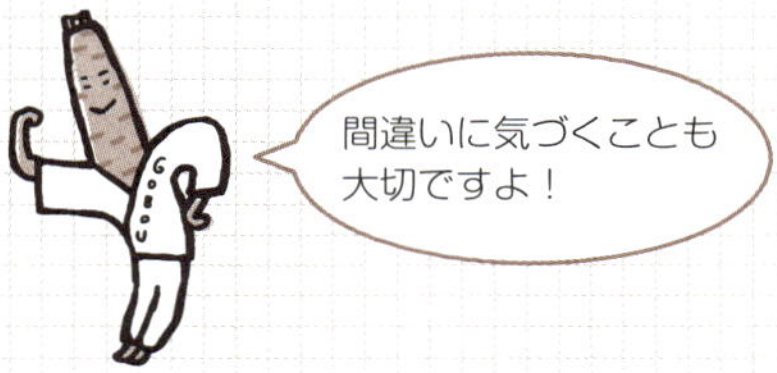
間違いに気づくことも
大切ですよ！

5

「いち、よん」と言いながら、左手の指は１本、右手の指は４本出した状態に。

4
1

6

「ぜろ、ご」と言いながら、左手の指は全部閉じ、右手の指は全て開きます。さらに１に戻るように逆におこなってください。

5
0

パラパラ
ごぼう
体操

おわりに

このたびは僕の本を手にとってくださり、ありがとうございました。

介護の仕事に携わるようになって約7年。この本では、これまでの経験から積み重ねられた僕の考えをまとめましたが、ごぼう先生の進化はここで終わりではありません。

僕は「大人のための体操のお兄さんとして日本一を目指す」と決意してこの活動を始めましたが、そのピークを、2025年に持っていきたいと考えています。というのも、この年が日本の本格的な高齢化社会が始まる年と言われているからです。

2025年になると、約800万人いると言われる団塊の世代が75歳以上を迎えます。日本の人口の4分の1が後期高齢者という超高齢化社会に突入するのです。残念ながらそうなると、国としても、今のある程度手厚い介護体制を維持していくことは難しいと言われています。

でも僕は、工夫とアイディア次第で、その壁を乗り越えられる社会にしていくことは可能だと思っています。そんな変化を何かしら起こすことが、僕の目標でもあるのです。

そういう意味では、今がまさに僕のスタートと言っても過言ではありません。激しい変化にも可能な限りついていき、対応していきたいと思いますし、自分自身もこれから歳をとっていく中、ずっと健康に過ごせたら、と思っています。

そのように自分がスタートと捉える今この時に、自分の考えを一冊の本にまとめられたことは、とても意義あることだと思っています。僕自身もこの本を読み返し、「皆さんの役に少しでも立ちたい」という思いを再確認したいと思います。

あらためて、まだまだ若造の僕の本を最後まで読んでくださいまして、ありがとうございました。僕がここまで来られたのは、介護界の先輩、デイサービスの

ご利用者さんやそのご家族の方々、そして共に働く仲間から、多くの知恵を授けていただいたからに他なりません。本当に、感謝申しあげます。そしてごぼうはこれからも、皆さんのお力を借りて、さらに太く長く伸びていけたらと思っております。芯が強く、味のあるごぼうになることを目指して……。

築瀬　寛

２０１７年10月

── 撮影協力 ──

● 特定非営利活動法人
のぞみの皆さま

● サービス付き高齢者向け住宅
立川紀水苑の皆さま

● 特定非営利活動法人
夢の飛行船の皆さま

● **リハビリカフェ倶楽部**
の皆さま

ごぼう先生のＤＶＤが発売中！

毎日たった10分！　イスに座りながら簡単に楽しく体操がおこなえる、ごぼう先生の体操のＤＶＤが発売中です。月曜日から日曜日まで、お好きな体操を選んでおこなえます。介護施設でＤＶＤを流していただければ、ごぼう先生がレクリエーションスタッフの一員に！

【DVD】ごぼう先生といっしょ！
毎日10 分健康 イス体操
《大きな字幕付き》

価格／ 3000円（税別）
お問い合わせ先／キングレコード株式会社
（☎03-3945-2123）

簗瀬 寛（やなせ ひろし）

株式会社GOBOU代表取締役。鍼灸師。社会福祉主事任用資格。

1985年、愛知県岡崎市生まれ。日本福祉大学卒。大手鍼灸接骨院の勤務を経て、2014年より喫茶店のような地域密着型デイサービス「リハビリカフェ倶楽部 岡崎店」を開店。その一方で、全国各地の介護施設で〝大人のための体操のお兄さん〞ごぼう先生として健康体操の普及に努める。これまでに全国300ヵ所、1万人以上と一緒に健康体操を行う。

自主制作した体操DVDは全国2000を超える施設にてレクリエーションとして導入され、2017年『ごぼう先生といっしょ！　毎日10分健康 イス体操《大きな字幕付き》』をキングレコードより発売。また、CS・スカパー！時代劇専門チャンネルにて、「【健康体操】朝だよ！ごぼう先生」が放送されるなど、テレビ、新聞、雑誌などで様々な活動の幅を広げている。

著書に『ごぼう先生と楽しむ大人の健康体操』（あさ出版）がある。

Staff
撮影　牧田健太郎、浜村達也（本社写真部）
イラスト　BONNOUM
編集協力　山本奈緒子

講談社の実用BOOK

介護界《かいごかい》のアイドルごぼう先生《せんせい》の
みんなを笑顔《えがお》にする魔法《まほう》
2017年10月18日　第1刷発行

著　者――――――簗瀬《やなせ》 寛《ひろし》

発行者――――――鈴木 哲
発行所――――――株式会社 講談社
〒112-8001　東京都文京区音羽2-12-21
編集　☎03-5395-3529
販売　☎03-5395-3606
業務　☎03-5395-3615

装　丁――――――村沢尚美（NAOMI DESIGN AGENCY）
本文デザイン・組版―朝日メディアインターナショナル株式会社
印刷所――――――慶昌堂印刷株式会社
製本所――――――株式会社国宝社

定価はカバーに表示してあります。ISBN978-4-06-299884-0